Bibliographische Information der Deutschen Nationalbibliothek:
Die Deutsche Nationalbibliothek verzeichnet diese Publikation in
der Deutschen Nationalbibliographie; detaillierte bibliographische
Daten sind im Internet über http://dnb.dnb.de abrufbar.

© 2017 Stefan Kläs
Herstellung und Verlag:
BoD – Books on Demand, Norderstedt

ISBN: 978-3-746-04769-0

Sonntagsreden sind der Inbegriff nutzloser Reden. Sie werden in bester Absicht gehalten, bleiben aber oft wirkungslos. So will es das Klischee.

Dass Sonntagsreden dann bisweilen doch unerwartete Reaktionen, ja heftige Erschütterungen auslösen können, das gehört zu ihren Risiken und Nebenwirkungen. Martin Walser beispielsweise musste diese „Erfahrung beim Verfassen einer Sonntagsrede" (Friedenspreis des Deutschen Buchhandels 1998) machen.

Predigten sind auch Sonntagsreden. Es sind Reden, die sonntags in bester Absicht gehalten werden. Die Absicht lautet, Gott möge durch sie zu Wort kommen, weil er ein Gott ist, der durchs Wort zu uns kommt.

Manche halten diese Erwartung für sinnlos, andere die Predigt für wirkungslos. Wieder andere finden, die wahren Absichten beim Predigen seien ganz andere. Erstaunlich viele Hörerinnen und Hörer aber bezeugen: „Unser Gott kommt und schweiget nicht." (Psalm 50,2)

Ihnen, den Hörerinnen und Hörern dieser Sonntagsreden, danke ich hiermit. Gehalten wurden sie in den Jahren 2011 bis 2016 in Düsseldorf. Es waren bewegte Jahre, in denen ich immer wieder am Nutzen des Predigens zweifelte, letztlich jedoch erfahren durfte, dass wenig von dem, was wir in der Kirche tun, so sinnvoll ist wie das gemeinsame öffentliche Hören auf die biblischen Texte.

So ist ein persönliches Buch entstanden, das mir als Erinnerung, anderen vielleicht als Anregung dienen kann. Die Predigten selbst sind unverändert abgedruckt. Ihre Zusammenstellung in Kapiteln entspricht thematischen Sinnzusammenhängen, die ich beim Wiederlesen wahrgenommen habe. Sie sind eher lose und könnten auch anders sein.

Mein Dank gilt meiner Frau Antje Brunotte für 20 Jahre theologischen Gesprächs und gemeinsamen Lebens. Auf viele weitere Jahre!

Im Dezember 2017   Stefan Kläs

I. Abschied und Neubeginn 9

  1. Antrittspredigt 9

  2. Vom klugen Verwalter 16

  3. Gemeindehaus a.D. 22

  4. Entwidmung der Matthiaskirche 29

  5. Abschied 36

II. Haltung finden 46

  1. Frieden suchen 46

  2. Suche nach Gott 55

  3. Hoffnung lernen 63

  4. Gottes Ja 72

  5. Es gibt Alternativen 81

III. Kirche – Institution und Gemeinschaft 91

  1. Die Familie Gottes 91

  2. Mut und Realismus 97

  3. Lebendige Gemeinde 106

IV. Moralgeschichten 113

  1. Was tröstet 113

  2. Der Bund 118

  3. Der Riss 125

  4. Die Fremden 132

V. Jesus für uns heute 138

  1. König, Prophet, Priester 138

  2. Christus König 146

3. Jesus fremd   154

4. Ich steh' an deinem Kreuz   161

5. Opfer   172

6. Nachfolge   180

7. Einer von uns   189

8. Du wirst leben   198

9. Auf die sanfte Tour   205

Endnoten   212

I. Abschied und Neubeginn

1. Antrittspredigt

Lukas 15,1-7

1 Alle Zöllner und Sünder suchten seine Nähe, um ihm zuzuhören. 2 Und die Pharisäer und Schriftgelehrten murrten: Der nimmt Sünder auf und isst mit ihnen. 3 Er aber erzählte ihnen das folgende Gleichnis: 4 Wer von euch, der hundert Schafe hat und eines von ihnen verliert, lässt nicht die neunundneunzig in der Wüste zurück und geht dem verlorenen nach, bis er es findet? 5 Und wenn er es findet, nimmt er es voller Freude auf seine Schultern 6 und geht nach Hause, ruft die Freunde und die Nachbarn zusammen und sagt zu ihnen: Freut euch mit mir, denn ich habe mein verlorenes Schaf gefunden. 7 Ich sage euch: So wird man sich auch im Himmel mehr freuen über einen Sünder, der umkehrt, als über neunundneunzig Gerechte, die keiner Umkehr bedürfen. (Zürcher Bibel 2007)

Vom Suchen und Finden des Verlorenen, dieses Gleichnis ist mir im Moment so nahe wie kein anderes im Neuen Testament.

Wer ein- oder mehrmals mit seinem gesamten Hausrat umgezogen ist, weiß, wovon ich rede. Erst gestern habe ich verzweifelt meine Fahrrad-Luftpumpe gesucht.

99 andere Dinge begegneten mir bei meiner Suche, aber nicht die eine Luftpumpe.

99 andere Dinge waren völlig uninteressant für mich, interessant war die eine Luftpumpe. Nicht dass ich dringend Luft in meine Reifen hätte pumpen müssen. Nein, interessant war die Luftpumpe vor allem, weil ich fürchtete, sie sei zwischen all' den anderen Dingen in den Umzugskartons verloren gegangen.

Und weil ich sie mag. Sie ist nämlich einzigartig, meine Luftpumpe, so eine alte mit einem Metallschaft und einem Holzgriff, wie man sie heute nur noch selten bekommt.

Und als ich sie dann endlich fand, meine Luftpumpe, – natürlich im letzten Karton, wo auch sonst –, da war die Freude groß, geradezu himmlisch groß.

Dass es gerade die Verlorenen sind, verlorene Dinge und verlorene Menschen, an denen wir besonders hängen, dass wir gerade nach ihnen besonders intensiv suchen, das ist die Pointe von Jesu Gleichnis.

Die Pharisäer und Schriftgelehrten, die mit Jesus streiten, die eine Art Generalkritik an seinem Verhalten äußern, stoßen sich ja daran, dass diejenigen, die zu Jesus kommen, um ihn zu hören, nicht den moralischen Standards der Zeit entsprechen. Und viel mehr noch stoßen sie sich daran, dass Jesus diese Menschen aufnimmt, ihr Gastgeber wird und mit ihnen isst.

Pharisäer und Schriftgelehrte auf der einen Seite, Zöllner und Sünder auf der anderen Seite, so verlaufen die Frontlinien hier. In der Vergangenheit hat man aus dieser Frontlinie oftmals eine gemacht, die angeblich zwischen Juden und Christen verläuft. Hier die gesetzestreuen Juden, die ihr Heil vor Gott mit guten Werken erwirken wollen, dort Jesus, der die Sünder annimmt.

In Wahrheit ist das Streitgespräch zwischen Jesus und den Pharisäern, dessen Zeugen wir werden, zunächst einmal eine innerjüdische Debatte über das Verständnis von Sünde. Wie könnte es auch anders sein, denn schließlich war Jesus ja Jude.

In dieser innerjüdischen Debatte nimmt Jesus dann allerdings eine Position ein, die wegweisend geworden ist, und die wir doch auch für uns als christliche Kirche immer wieder neu entdecken müssen.

Sünde, das ist nicht irgendein Normverstoß, irgendein Vergehen aus dem Lasterkatalog. Zugegeben: Lang ist die Geschichte des Moralismus auch in der Kirche. Doch länger und nachhaltiger ist hoffentlich die Geschichte der Befreiung von solchem Moralismus.

Sünde, das ist nach Jesu Gleichnis ein Zustand der Verlorenheit. Ein Zustand, der viele Gestalten annehmen kann. Eine Gestalt der Verlorenheit kommt in der Bibel ins Spiel, sobald von Zöllnern die Rede ist, wie hier am Beginn des Gleichnisses vom verlorenen Schaf. Der Zöllner ist Inbegriff des gierigen Unternehmers, sozusagen die „Heuschrecke" des Neuen Testaments. Er steht für einen Menschen, der sich an seinen Reichtum verloren hat, der dem Geld dienen muss.

Und das Geld ist ein harter Herr. Wer ihm dienen muss, hat nichts zu lachen.

Das zeigt auf ihre Weise ja auch die antike Sage vom König Midas. Der mächtige König Midas hatte einen Wunsch: Er wollte, dass alles, was er berührt, zu Gold wird. Da ihm der Gott Dionysos noch einen Gefallen schuldete, erfüllte er Midas' Wunsch.

Und tatsächlich: Alles was Midas berührte, wurde zu reinem Gold!

Brach er einen Zweig vom Baum, wurde er zu Gold, hob er einen Stein vom Boden auf, wurde er zu Gold. Der König war überglücklich.

Doch dann kam das böse Erwachen: Hungrig und durstig setzte sich Midas an den gedeckten Tisch. Doch kaum berührte er das Brot, wurde es zu Gold. Kaum nahm er einen Schluck aus seinem Becher, hatte er flüssiges Gold im Mund.

Der König drohte zu verhungern und zu verdursten.

Doch Dionysos war gnädig und schickte ihn zum Fluss Paktolos. Dort sollte er den Zauber abwaschen.

Das Bad half tatsächlich. Midas konnte wieder essen und trinken, und es wird erzählt, dass im Fluss Paktolos seitdem Gold zu finden ist.

Jesus nimmt Zöllner und Sünder in die Gemeinschaft mit sich auf und isst mit ihnen. Er legt sie nicht auf ihre Vergehen fest, sondern sieht ihre Verlorenheit, ruft sie in eine lebendige Gemeinschaft. In eine heilende Gemeinschaft, die sich hat befreien lassen von dem Zwang, immer mehr anhäufen zu müssen.

Die Menschen nicht auf ihre Defizite festlegen, sondern ihren Schmerz sehen, ihre Verlorenheit ernst nehmen, sie in die Gemeinschaft mit Gott und untereinander rufen, das ist auch unsere Aufgabe als Gemeinde, liebe Schwestern und Brüder. Dabei ist Jesu Gleichnis auch ein Korrektiv gegen überzogene Wachstumsphantasien im Hinblick auf unsere Kirche. Phantasien, die gut gemeint sind, uns am Ende aber möglicherweise überfordern.

Es ist ein Einzelner, der durch seine Verlorenheit im Mittelpunkt des Gleichnisses steht, nicht die große Masse. Das sollte uns Mut machen, gerade da, wo wir als Kirchengemeinde nach außen strahlen wollen in unsere Stadtteile, wo wir den Grund unserer Hoffnung deutlich machen wollen, wo wir vom offenen Himmel erzählen wollen.

Vom offenen Himmel, in dem Freude herrscht über einen Einzelnen, der aufbricht, der Gemeinschaft mit Gott und den Menschen findet, mehr

Freude als über 99 andere, die lieber für sich bleiben wollen und niemanden brauchen.

Wir dürfen uns über jeden freuen, der in unsere Gottesdienste kommt, der Teil unserer Gemeinschaft sein möchte. Freuen wir uns doch einfach über den einen, die eine, die kommt, anstatt uns über die 99 anderen zu ärgern, die nicht kommen!

In den knapp zwei Wochen, in denen wir jetzt hier mit ihnen und unter ihnen leben, habe ich schon viel Aufbruchstimmung gespürt. Und ich finde das ganz wunderbar. Ich spüre den guten Willen so vieler Menschen, gemeinsam etwas anzupacken und die Evangelische Kirchengemeinde Düsseldorf-Unterrath weiter zu entwickeln.

Lasst uns bei allem, was wir anpacken und planen, eine Sache vor Augen nie vergessen:

Wir sind und bleiben, wenn man es mit der theologischen Tradition sagen will, „begnadigte Sünder".

Oder anders gesagt: Wir sind Verlorene, die gefunden wurden und sich auch immer wieder neu finden müssen.

Wir sind ja keine Gemeinschaft der Perfekten, das müssen wir auch gar nicht sein. Und ich sage das ganz bewusst als Coaching-Fan und Anhänger von Optimierungsprozessen: Solange es die Menschheit gibt, sind Fehler gemacht worden. Und es werden auch in Zukunft Fehler gemacht werden.

Doch Gott sei Dank hängt das Reich Gottes nicht daran, dass wir keine Fehler machen, sondern an Gottes Wirken. Darum sind wir Menschen, die zur

Freude am Leben befreit sind, zum Dienst aneinander und an der Stadt, in der wir leben.

„Dieser nimmt die Sünder an und isst mit ihnen."

Aus diesem Vorwurf an die Adresse Jesu hat die Kirche Gott sei Dank eine Tugend gemacht.

Das Beste ist ja, dass man das Reich Gottes nicht nur herbeipredigen und –beten, sondern auch herbeiessen und –trinken kann.

Und weil wir das gleich im Anschluss an diesen Gottesdienst ja auch noch tun wollen, deshalb schließe ich jetzt schleunigst.

2. Vom klugen Verwalter

Lukas 12,42-48

Der Monat November mit seinen ernsten Feierta-
gen, mit der Sitte des Friedhofsbesuchs und des
Totengedenkens färbt die herbstlich goldene Stimmung dieser Tage trüb ein.

Am heutigen Ewigkeitssonntag gedenken wir der
Verstorbenen aus unserer Gemeinde. Unsere Gedanken sind bei denen, von denen wir Abschied
nehmen mussten. Erinnerungen steigen auf, die uns
mit Menschen verbinden, Erinnerungen an schwere
Zeiten und traurige Momente, aber auch Erinnerungen an glückliche Augenblicke und schöne Zeiten. Beides gehört zum heutigen Tag. In diesem
Gottesdienst treten wir mit all' diesen Gedanken
und mit dem manchmal schwer entwirrbaren
Durcheinander von Gefühlen vor Gott.

Der Ewigkeitssonntag erinnert uns aber auch daran, dass wir selbst einmal sterben müssen. Ein
„Memento mori", eine Erinnerung an unsere eigene Sterblichkeit ist dieser Tag. Und so brauchen wir
beides: Trost angesichts des Todes lieber Menschen
und Weisung für uns selbst, die wir noch leben.

„Seid auch ihr bereit", so lautet die Weisung Jesu
an seine Jünger. Doch für wen sollen wir uns berei-
ten? Nicht einfach für den Tod. In der Gleichniserzählung aus dem Lukasevangelium wird unser
„Memento mori", die Erinnerung an unsere eigene

Sterblichkeit, in eine neue Richtung gelenkt: „Der Menschensohn kommt zu einer Stunde, da ihr's nicht meint" (Lk 12,40). Damit gibt Jesus uns zugleich einen Schlüssel für das Gleichnis, das der Evangelist Lukas erzählt:

42 Der Herr aber sprach: Wer ist denn der treue und kluge Verwalter, den der Herr über seine Leute setzt, damit er ihnen zur rechten Zeit gibt, was ihnen zusteht? 43 Selig ist der Knecht, den sein Herr, wenn er kommt, das tun sieht. 44 Wahrlich, ich sage euch: Er wird ihn über alle seine Güter setzen. 45 Wenn aber jener Knecht in seinem Herzen sagt: Mein Herr kommt noch lange nicht, und fängt an, die Knechte und Mägde zu schlagen, auch zu essen und zu trinken und sich voll zu saufen, 46 dann wird der Herr dieses Knechtes kommen an einem Tage, an dem er's nicht erwartet, und zu einer Stunde, die er nicht kennt, und wird ihn in Stücke hauen lassen und wird ihm sein Teil geben bei den Ungläubigen. 47 Der Knecht aber, der den Willen seines Herrn kennt, hat aber nichts vorbereitet noch nach seinem Willen getan, der wird viel Schläge erleiden müssen. 48 Wer ihn aber nicht kennt und getan hat, was Schläge verdient, wird wenig Schläge erleiden. Denn wem viel gegeben ist, bei dem wird man viel suchen; und wem viel anvertraut ist, von dem wird man umso mehr fordern. (Lutherbibel 1984)

„Seid auch bereit", damit bereitet Jesus seine Jüngerinnen und Jünger nicht einfach auf den Tod vor, sondern auf das Kommen des Menschensohns. An einem Tag wie heute, da wir unserer Verstorbenen gedenken, da wir auch über unsere eigene Sterblichkeit nachdenken, irritiert mich Jesu Gleichniserzählung zunächst einmal. Denn es geht in ihr vordergründig weder um unsere Verstorbenen noch um unser eigenes Ende. Fast scheint es mir, als wolle da jemand unter der Hand das Thema wechseln. Doch ich will mich auf diesen Perspektivwechsel einlassen und folge der Spur des Menschensohns und frage: Was hilft uns der Menschensohn angesichts unserer Trauer und unserer Angst?

Der Menschensohn, das ist Jesus Christus selbst. Jesus Christus, der gelebt hat und gestorben ist, den Gott von den Toten auferweckt hat und der nun in neuer Gestalt, im Geist, wirksam und mächtig unter uns ist.

Der Menschensohn, das ist Jesus Christus selbst, der immer wieder in Erscheinung tritt, der uns zu seiner Gemeinde erwählt hat, der uns ruft und in die Welt sendet.

Der Menschensohn, das ist Jesus Christus selbst, der am Ende der Zeit für alle Menschen sichtbar in Erscheinung tritt als derjenige, der dem Tod schon längst die Macht genommen hat.

„Seid auch ihr bereit!" Mit dieser Weisung reißt Jesus unseren Horizont auf. Unseren Horizont, der durch den Tod geliebter Menschen und durch unseren eigenen Tod verschlossen war. Es kommt der Menschensohn, nicht einfach nur das Ende. Wer den Menschensohn erwartet, der gewinnt einen neuen Blick auf die Zeit, die uns noch bleibt. Es ist Zeit, die wir im Vertrauen auf Gott und in der Nachfolge Jesu Christi leben und wirken dürfen.

18

Für mich ist dieses Vertrauen eine Quelle, aus der ich Kraft schöpfe. Kraft für die zahlreichen Abschiede, von denen unser Leben durchdrungen ist. Kraft, mich den Abschieden im eigenen Leben bewusst zu stellen, um frei zu werden für Neues.

Wir werden geboren, verbringen die Jahre der Kindheit und Jugend, werden erwachsen. Als erwachsene Frauen und Männer gestalten wir unser Leben, reifen, werden stark, erreichen den Höhepunkt unserer Lebensmöglichkeiten. Im Alter werden unsere Möglichkeiten weniger, bis wir sterbend diese Welt verlassen. Unser Leben ist geprägt von dauerndem Verlassen und Neubeginnen. Ständig müssen wir uns auf Veränderungen einlassen, müssen loslassen und uns neu orientieren. Und in jedem dieser kleinen Abschiede steckt eine Ahnung von dem großen Abschied, der uns allen einmal bevorsteht.

Diese Abschiede bewusst wahrzunehmen, sie zu bejahen und zu gestalten, anstatt sie zu verdrängen, das kann sehr verschiedene Formen annehmen.

Der vor 20 Jahren verstorbene schweizerische Schriftsteller Max Frisch hatte im Garten seines Ferienhauses im Tessin eine Bank. Auf dieser Bank saß eine von ihm selbst hergestellte Figur, einer Vogelscheuche nicht unähnlich. Diese Figur stellte den Tod dar. Von Zeit zu Zeit nahm Frisch auf dieser Bank Platz und trank mit dem Tod ein Glas Wein.

Dem einen oder anderen mag das makaber vorkommen, aber es war für diesen Menschen eine Möglichkeit, bewusst zu leben im Angesicht der vielen kleinen und des einen großen Abschieds, die zu unserem Leben gehören.

Wir brauchen wohl solche Rituale, mit denen wir Lebenskunst auch angesichts des Todes einüben. Es müssen ja nicht gleich derartig originelle Rituale sein wie das Glas Wein mit dem Tod. Vielen Menschen hilft es auch, heute ganz einfach die Gräber ihrer Verstorbenen zu besuchen, Blumen oder Lichter mitzunehmen und noch einmal an die vergangenen Zeiten zu denken.

Dabei dürfen auch die „anderen" Gefühle, die nicht nur friedvoll und dankbar sind, eine Rolle spielen. Gefühle wie Hass und Verzweiflung, Wut und Anklage oder auch Schuldgefühle. Wir dürfen sie zulassen, vor uns selbst und auch anderen Menschen, denen wir vertrauen. Manchen Menschen hilft es, diese Gefühle einmal auf einen Zettel aufzuschreiben, sie sich von der Seele zu schreiben. Vielleicht behalten sie diesen Zettel, vielleicht werfen sie ihn aber auch anschließend weg oder verbrennen ihn sogar. Das alles sind Möglichkeiten, mit dem Schmerz des Abschieds umzugehen.

„Seid auch ihr bereit!", so ruft Jesus uns auf, ruft uns zum Vertrauen auf Gott und in seine Nachfolge. Das Gleichnis verschweigt dabei nicht die harte Wahrheit, dass wir die Zeit, die uns bleibt, auch nutzlos verstreichen lassen können. Ja, denen die das tun, wird sogar Strafe angedroht. Diese Seite des Gleichnisses ist mir fremd. Und doch liegt vielleicht auch in diesem Fremden eine Wahrheit.

Die Wahrheit, dass derjenige, der vor den Abschieden dieses Lebens immer nur flieht, sie immer nur verleugnet, sich selbst keinen Gefallen tut. Wer davonläuft, sich immer nur ablenkt, den treffen die Abschiede unvorbereitet und umso härter.

„Seid auch ihr bereit!" Vertraut dem Menschensohn, der kommt. Vertraut Gott, dem Schöpfer und Erlöser eures Lebens. Die Kraft dieser Hoffnung wird euch in den Abschieden dieses Leben tragen. Ob wir am Ende unseres Lebens dann Lob empfangen, wie der kluge Verwalter im Gleichnis, das weiß ich nicht. Vielleicht ist das aber gar nicht entscheidend, ob am Ende unseres Lebens eine lobenswerte Bilanz steht. Mir jedenfalls ist wichtiger, dass ich hoffen darf: Da kommt einer, den ich kenne, der mich bei meinem Namen gerufen hat, der mich in den Abschieden meines Lebens schon begleitet hat, der nimmt mich am Ende an.

3. Gemeindehaus a.D.

1. Könige 8,23-29b.57-61

Wir treffen uns heute hier zu einer Andacht anlässlich der Außerdienststellung dieses Gemeindehauses. Der Anlass, aus dem wir uns treffen, ist demnach alles andere als freudig und heiter. Im Vordergrund stehen Trauer über Veränderungen in der Kirchengemeinde, die als ungerechtfertigt, zum Teil sicherlich auch als ungerecht empfunden werden. Und zur Trauer kommt Wut hinzu bei denen, die sich im Moment als Leidtragende dieser Veränderungen sehen.

Und nun wird also auch noch gesungen, gebetet und aus der Bibel gelesen. Sofort steht der Verdacht im Raum, es solle dem, was als ungerecht empfunden wird, ein frommes Mäntelchen umgehängt werden, der Skandal solle unter den geistlichen Teppich gekehrt werden. Ich kann diesen Verdacht nicht widerlegen, schon gar nicht in dieser Andacht. Ich kann und will sie aber um etwas bitten. Ich will sie bitten, den Formen und Inhalten unseres Glaubens, unseren Gottesdiensten und dem Evangelium, auch in diesen schwierigen Zeiten eine Chance zu geben.

Denn wenn wir im Kampf um Gebäude unseren Glauben verlieren, dann verlieren wir weit mehr als ein Gemeindehaus oder einen kirchlichen Standort, dann verlieren wir uns selbst. Wenn das so wäre, dann bliebe am Ende nichts als die Sprache der finanziellen Fakten. Und davon geht tatsächlich kein Heil aus. Genauso wenig wäre es heilvoll, diese Fakten zu ignorieren. Darum wird auch heute aus der Bibel gelesen, und zwar nicht irgendein Text, sondern einer, der zur Sache gehört, ja der uns hilft, die Sache, die zur Debatte steht, überhaupt erst in den Blick zu nehmen.

Denn schon in der Bibel geht es um Gebäude, vor allem ums eins, nämlich den Tempel in Jerusalem. Und auch damals waren Gebäude umstritten. Hören wir also aus dem 1. Buch der Könige im 8. Kapitel die Verse 23-29, den ersten Teil von Salomos Gebet zur Tempelweihe. Salomo sprach:

23 HERR, Gott Israels! Kein Gott ist dir gleich, nicht oben im Himmel und nicht unten auf der Erde. Den Bund und die Treue bewahrst du deinen Dienern, die mit ganzem Herzen vor dir gehen, 24 der du deinem Diener David, meinem Vater, gehalten hast, was du ihm zugesagt hast. Mit deinem Mund hast du es zugesagt, und durch deine Hand hast du es erfüllt, wie am heutigen Tag. 25 Und nun, HERR, Gott Israels, halte deinem Diener David, meinem Vater, was du ihm zugesagt hast, da du gesprochen hast: Es soll dir vor mir nicht fehlen an einem Nachfolger, der auf dem Thron Israels sitzt, wenn nur deine Söhne acht haben auf ihren Weg und vor mir gehen, wie du vor mir gegangen bist. 26 Und nun, Gott Israels, lass doch dein Wort wahr werden, das du zu deinem Diener David, meinem Vater, gesprochen hast. 27 Aber sollte Gott wirklich auf der Erde wohnen? Sieh, der Himmel, der höchste Himmel kann dich nicht fassen, wie viel weniger dann dieses Haus, das ich

23

gebaut habe! 28 Wende dich dem Gebet deines Dieners zu und seinem Flehen, HERR, mein Gott, und erhöre das Flehen und das Gebet, das dein Diener heute vor dir betet, 29 damit in der Nacht und bei Tag deine Augen offen sind über diesem Haus, über der Stätte, von der du gesagt hast: Dort soll mein Name sein. (Zürcher Bibel 2007)

Salomo hat den Tempel in Jerusalem erbaut. Er hat damit etwas in die Tat umgesetzt, was Gott zuvor seinem Vater David versprochen hatte.

Einen Tempel bauen, das kann man nur in Friedenszeiten. Nur im Frieden gibt es überhaupt Geld dafür. Dass also Salomo der Bau des Tempels gelungen ist, weist auf eine Periode des Friedens hin, auf eine gute Zeit, auf eine Zeit, in der die Treue Gottes zu seinem Volk spürbar gewesen ist durch Frieden und Wohlstand.

Wer Tempel, Kirchen und Gemeindehäuser baut, der kann dies überhaupt nur, weil Gott treu ist und in seiner Treue die Voraussetzungen für diese Häuser schenkt. Wir leben als Gemeinde von Gottes Treue. Es greift bei weitem zu kurz, wenn wir so tun, als lebten wir von der Kirchensteuer. Das mag bei oberflächlicher Betrachtung so aussehen. Aber in der Tiefe unserer Existenz als Gemeinde leben wir von der Treue Gottes, leben wir davon, dass Gott uns zum Glauben beruft und uns Möglichkeiten schenkt, sein Wort zu hören und in seiner Liebe zu leben.

Salomo weiß sehr genau, wir leben von Gottes Treue. Und darum sagt er auch nicht einfach: Danke für dieses Haus, aber jetzt nehmen wir die Sache mal in unsere Hände, jetzt geht's los mit unserer Arbeit, sondern er bittet Gott: Lass dein Wort wahr werden, bleib bei uns als der Gott, der in seinem Namen ansprechbar ist für uns, der uns hört und zu uns spricht, der mit uns geht auf unseren Wegen und uns leitet.

Und weil Salomo so genau weiß, es kommt zuerst und zuletzt auf Gott selbst an, darum formuliert er bei der Einweihung des Tempels einen deutlichen Vorbehalt und trägt diesen Vorbehalt sogar vor Gott im Gebet:

„Sollte Gott wirklich auf der Erde wohnen? Sieh, der Himmel, der höchste Himmel kann dich nicht fassen, wie viel weniger dann dieses Haus, das ich gebaut habe!"

In dieser Einsicht zeigt sich die ganze Lebensklugheit des sprichwörtlich weisen Königs Salomo.

Ich formuliere diese Einsicht mit Blick auf uns heute so:

Gott hat uns damals dieses Haus geschenkt. Und er hat uns mit diesem Haus Jahre und Jahrzehnte des Friedens und des Wohlstands geschenkt. Jahre, in denen wir gelebt und gefeiert, gelacht und getanzt und manchmal auch bitter geweint haben. Aber es waren gute Jahre, die wir hier verbringen konnten. Jahre, auf die wir heute nicht im Zorn, sondern voller Dankbarkeit zurückschauen können.

Voller Dankbarkeit auch deshalb, weil wir wissen, dass Gott und sein Haus nicht ein und dasselbe sind. Der Tempel in Jerusalem konnte Gott nicht fassen, dieses Gemeindehaus konnte Gott nicht fassen, ja selbst der höchste Himmel kann Gott nicht fassen.

Deswegen bleibt Gott da, auch wenn wir uns vom Gemeindehaus verabschieden. Er bleibt da, und er kommt mit seinem Wort und in der Kraft seiner Liebe. Und weil wir so unterscheiden können zwischen Gott und seinem Haus, darum legen wir das, was wir damals von Gott als Zeichen seiner Treue empfangen haben, heute zurück in seine Hände.

Was wir miteinander erlebt haben hier in diesem Haus, die Geschichten, die sich zwischen diesen Wänden ereignet haben, die Lebenserfahrungen, die Erfahrungen von Gemeinschaft aus vielen Jahrzehnten, die gehören zu unserem Leben, die behalten ihre Gültigkeit, auch wenn wir jetzt als Gemeinde weiterziehen.

Gott ist größer als dieses Haus, und unser eigenes Leben ist auch größer als dieses Haus.

Und darum werden wir jetzt Abschied davon nehmen und unsere Aufmerksamkeit neu auf die Mitte unseres Glaubens richten, auf Gott selbst, der uns zu seiner Gemeinde sammelt und in die Welt sendet – auch in die Welt jenseits dieser Mauern.

Unsere Aufmerksamkeit auf die Mitte unseres Glaubens zu richten, darum geht es auch am Schluss von Salomos Tempelweihgebet. Es endet mit der Bitte um Gottes Gegenwart. Salomo spricht:

57 Der HERR, unser Gott, sei mit uns, wie er mit unseren Vorfahren war. Er verlasse und verwerfe uns nicht; 58 er ziehe unser Herz zu sich hin, damit wir auf allen seinen Wegen gehen und seine Gebote, seine Satzungen und seine Vorschriften halten, die er unseren Vorfahren geboten hat. 59 Und diese meine Worte, mit denen ich vor dem HERRN gefleht habe, mögen dem HERRN, unserem Gott, nahe sein bei Tag und in der Nacht, damit er seinem Diener Recht verschafft und damit er seinem Volk Israel Recht verschafft, wie der jeweilige Tag es erfordert, 60 damit alle Völker der Erde wissen, dass der HERR, dass er allein Gott ist, und keiner sonst. 61 Und ungeteilt soll euer Herz beim HERRN, unserem Gott, sein, damit ihr nach seinen Satzungen lebt und seine Gebote haltet, wie am heutigen Tag. (Zürcher Bibel 2007)

Es gibt Tage, an denen es uns schwer fällt, zwischen dem zu unterscheiden, was wir loslassen müssen, weil es seine Zeit gehabt hat, und dem, was wir mitnehmen wollen in die Zukunft. So zu unterscheiden, das ist eine Kunst, die wir ein Leben lang lernen müssen. Und oft erleiden wir diese Kunst zu unterscheiden eher, als dass wir sie erlernen. Dann nämlich, wenn wir das Gefühl haben, es geschieht uns ein Unrecht. Dieses Gefühl, es geschehe einem ein Unrecht, erzeugt Schmerzen, manchmal geradezu physische Schmerzen. Darum ist es auch ganz und gar unmöglich, sich durch kluge Gedanken aus diesem Schmerz heraus zu reflektieren. Wer subjektiv am Unrecht leidet, gleichgültig warum, der kann diesen Schmerz nicht einfach überspringen. Darum ist es normal, wenn in diesen Tagen unter uns neben Trauer und Wut auch Schmerz zum Vorschein kommt.

Doch eines möchte ich auch ganz deutlich sagen: Wer am Unrecht Schmerzen leidet, der wird nicht dadurch heil, dass er anderen Schmerzen zufügt.

Heil, Frieden und Wohlergehen, gibt es nur in der Hinwendung zu Gott. Nur wer sich selbst von dort die Maßstäbe des Umgangs miteinander geben lässt, kann auch darum bitten, dass ihm recht geschehe.

Vor Gott gilt:

Recht ist immer auch das Recht der anderen.

Recht finden wir nur in der gemeinsamen Nachfolge auf den Wegen, die der Herr uns weist.

Darum wendet sich Salomo am Ende seines Gebets an das Volk und spricht:

„Ungeteilt soll euer Herz beim HERRN, unserem Gott, sein, damit ihr nach seinen Satzungen lebt und seine Gebote haltet, wie am heutigen Tag."

Das ist die große Chance, die wir als christliche Gemeinde bei allem Schmerz und in allen Erfahrungen des Verlustes haben: Wir dürfen umkehren und unser Herz ungeteilt Gott zuwenden. Wo wir das tun, wird auch unsere Gemeinschaft ungeteilt sein.

4. Entwidmung der Matthiaskirche

Matthäus 8,23-27

23 Und er stieg in das Boot und seine Jünger folgten ihm. 24 Und siehe, da war ein großes Beben im Meer, sodass das Boot von den Wellen bedeckt wurde. Er aber schlief. 25 Und sie traten zu ihm, weckten ihn auf und sprachen: Herr, hilf, wir verderben! 26 Da sagt er zu ihnen: Ihr Kleingläubigen, warum seid ihr so furchtsam?, und stand auf und bedrohte den Wind und das Meer; und es ward eine große Stille. 27 Die Menschen aber verwunderten sich und sprachen: Was ist das für ein Mann, dass ihm Wind und Meer gehorsam sind? (Lutherbibel 1984; Verse 24 und 26 mit eigener Übersetzung)

Seit gut zwei Jahren fährt unser Schiff, das sich Gemeinde nennt, in rauer See. Es geht uns wie den Jüngern im Evangelium, die mal eben hinüber ans andere Ufer des Sees wollten. Die Landungsbrücke mit dem schönen Namen „Zukunft Kirche" ist schon in Sichtweite, da geraten wir unversehens in schwere Wasser. Haushoch türmen sich die Wellen über unseren Köpfen. Mit jeder Welle wächst die Verzweiflung. Und weit und breit ist kein blauer Himmel in Sicht. Die Sturmtiefs tragen Namen wie Finanzsituation der Kirchengemeinde, heute und in Zukunft, Gemeindestruktur und Gebäudestruktur-analyse, Kooperation mit anderen Gemeinden und Fusionsverhandlung – und immer wieder taucht eine besonders schwarze Wolke am Himmel auf mit dem Namen Standortdiskussion.

Die Gewitterzelle Standortdiskussion entwickelt sich nach und nach zu einem echten Tornado, der kubikmeterweise Wasser in unser angeschlagenes Schiff spült. Wir greifen zu den Eimern und schöpfen aus Leibeskräften, weil wir seit langem wissen: „Ein jeder stehe, wo er steht, und tue seine Pflicht; wenn er sein Teil nicht treu erfüllt, gelingt das Ganze nicht." Doch wir merken bald: Appelle an die Pflicht, der Ruf zur Vernunft alleine reichen nicht. Pflicht und Vernunft, diese beiden Schöpfeimer, sind viel zu klein angesichts der gewaltigen Fluten von Ärger und Enttäuschung, von Klage und Anklage, von Verdruss und Wut, die über unserem Schiff zusammenschlagen.

„Und immer wieder fragt man sich: Wird denn das Schiff bestehen? Erreicht es wohl das große Ziel? Wird es nicht untergehn?"

Ich erinnere mich gut an einen lauen Sommerabend in einer Stadt rheinaufwärts vor knapp zwei Jahren. (Keine Sorge: Ich war nicht in Köln!) Ein sehr guter Freund von mir und ich sitzen im Biergarten und schauen auf den breiten Strom, der sommerlich träge vor sich hinfließt. Mit dem Wasser geraten auch die Gedanken in Fluss und ich erzähle ihm von all den Tiefdruckgebieten und Gewitterwolken, die sich über unserem Gemeinde-Schiff zusammenbrauen. Ich erzähle ihm von unseren Anstrengungen, wie wir uns hin und her fragen: „Wie finden wir den rechten Kurs zur Fahrt im weiten Meer?" Ich erzähle ihm, wie wir Wetterdaten in unsere Excel-Tabellen eingeben und Kursberechnungen in unseren PowerPoint-Folien darstellen. Er hört sich das alles geduldig an und stellt mir am Ende eine Frage:

Betet ihr eigentlich auch für eure Gemeinde? Du als Pfarrer, das Presbyterium, die Gruppen der Gemeinde?

Ich bin spontan verärgert wegen dieser Frage und denke: Das hat mir noch gefehlt. Der hat doch gar keine Ahnung von den Herausforderungen und Methoden moderner Gemeindeentwicklung und will mir jetzt etwas erzählen von wegen:

Die Kirche sei doch die Kirche Jesu Christi und er als ihr Haupt werde schon wissen, wohin er das Schiff, das sich Gemeinde nennt, lenken werde.

Wir haben an diesem Abend noch lange zusammengesessen und miteinander geredet. Die Frage, die mein Freund mir damals stellte, begleitet mich bis heute.

Wo zeigt sich eigentlich im Leben unserer Gemeinde, dass sie nicht irgendeine x-beliebige Organisation ist, sondern die Kirche Jesu Christi? Spüren wir das eigentlich an irgendeiner Stelle? Wird das überhaupt noch erfahrbar in unserem Reformstress, zwischen unseren Excel-Tabellen und Strategiediskussionen? Oder geht es uns wie den Jüngern, die sich erst auf dem Höhepunkt der Krise auf einmal fragen:

Sagt mal, wo ist eigentlich der Jesus? Hat den einer gesehen in den letzten zwei Jahren?

Ich geh mal nachgucken! – Ach, der hat sich hingelegt. Guck mal, da liegt er und schläft!

„Und sie traten zu ihm, weckten ihn auf und sprachen: Herr, hilf, wir kommen um!"

Auf dem Höhepunkt der Krise, in höchster Not erinnert sich die Mannschaft an das SOS-Signal des Glaubens, an das Gebet: „Herr, hilf, wir kommen um!"

Sie sprechen Jesus mit dem biblischen Gottesnamen an: „Herr", und sagen ihm damit: Du bist unser Gott. Von dir allein erwarten wir Rettung.

Und Jesus?

Zeigt der sich jetzt so verständnisvoll, so über alle Maßen einfühlsam und zugewandt, wie manches Jesus-Bild uns das nahelegt?

Weit gefehlt!

Jesus reagiert unwirsch und ruppig, wie es wohl nur Menschen tun, die unsanft aus tiefem Schlaf geweckt werden: „Ihr Kleingläubigen, warum seid ihr so furchtsam?"

Mir ist wichtig, dass diese Frage die Frage Jesu ist und bleibt. „Ihr Kleingläubigen, warum seid ihr so furchtsam?" So darf nur einer reden, nämlich Christus selbst, das Haupt der Kirche. Das ist keine Frage, mit der wir uns untereinander auf den Zahn fühlen könnten, ob denn unser Vertrauen zu Gott groß genug ist. Dann würden wir vor dieser Frage ausweichen, die jeder und jede von uns nur für sich beantworten kann.

Ich würde Jesus antworten: Kleinglaube ist doch immer noch besser als Unglaube. Denn der Unglaube erwartet gar nichts mehr von Gott und hat das Schiff, das sich Gemeinde nennt, schon längst verlassen. Der Kleinglaube hingegen ist immerhin noch Glaube, wenn auch ein Glaube, der gerade nicht von der Hoffnung getragen wird, sondern vielmehr in Verzweiflung versinkt. Der Kleinglaube, das ist die Verzweiflung derjenigen, die immerhin mit Gott schon etwas gewagt haben, die mit Christus ins Boot gestiegen sind und die nun, mitten auf dem offenen Wasser, der Mut verlässt. Der Kleinglaube, das ist ein Glaube, der die Gegenwart und die Macht Christi in seiner Gemeinde vor lauter Wellen nicht mehr sieht.

Dabei kann der Kleinglaube voller guter Absichten sein.

Martin Luther hat in seiner Auslegung der Geschichte von der Sturmstillung gesagt: „Der kleine Glaube (ergreift) den Herrn und sein Wort."

Damit meinte er: Der Kleinglaube möchte so gerne etwas tun für Christus und seine Sache und vergisst dabei, dass es zuerst um etwas anderes geht:

Christus wendet sich uns zu und tut zuerst etwas für uns, hält uns und unser Leben.

Daraus gewinnt der Glaube seine wahre Stärke. Darin finden wir Orientierung mitten im Sturm. Orientierung zuerst an Jesus selbst, der auf den Sturm mit provozierender Passivität reagiert. Er hätte sich ja auch hinsetzen und erstmal ein Konzept machen können, wie das Schiff wieder auf Kurs kommt. Doch seine erste Reaktion ist Schlaf. Der untätige Jesus konfrontiert uns mit unserem Aktivismus und mit unserem Glauben an die eigenen Lösungsansätze, die sich bei der nächsten Welle schon als Schall und Rauch erweisen, als Produkte des Kleinglaubens, die so schnell versinken, wie sie aufgekommen sind.

Ich hoffe: Nach gut zwei Jahren in rauer See sind wir der Landungsbrücke mit dem schönen Namen „Zukunft Kirche" vielleicht ein kleines Stück näher gekommen. Ich muss aber auch gestehen: Mein Glaube an schnelle Lösungen, an geradlinige Prozesse, daran, dass wir auf gerader Linie von A nach B kommen, ist an den Untiefen und Klippen des Sees zerschellt. Aber ich glaube auch: Uns sind Seebeine gewachsen.

Darum möchte ich ihnen heute sagen: Das Schiff wird schlingern, es wird rollen und stampfen, aber sicherlich nicht untergehen. Ich glaube daran, dass wir einen Retter an Bord haben, der Wind und Meer bedroht, wenn sie uns zu sehr ängstigen.

Der wird uns immer wieder Auszeiten schenken, in denen wir sammeln können, eine Mütze voll Schlaf bekommen, um danach mit frischen Kräften weiter zu segeln.

Heute stellen wir die Matthiaskirche außer Dienst. Gestern beim Gemeindefest haben wir uns noch einmal an Geschichten und Bilder aus 37 Jahren erinnert. Der Tenor war: Es war eine gute Zeit. Wir sind froh und dankbar, dass wir sie erleben durften.

Ich wünsche uns als Gemeinde, dass wir nach so viel Sturm und Wellen in den vergangenen zwei Jahren heute in Frieden Abschied nehmen können und selbst erleben dürfen, was die Jünger auf dem See Genezareth erlebten:

„Da wurde es ganz stille. Die Menschen aber verwunderten sich und sprachen: Was ist das für ein Mann, dass ihm Wind und Meer gehorsam sind?"

Lasst uns diese Frage heute mitnehmen aus der Matthiaskirche, auf unseren Weg in die Petruskirche und in die Zukunft unserer Gemeinde.

Was ist das für ein Mensch, dieser Jesus?

Über ihn zu stauen und so zu fragen, das führt uns in die Mitte unseres Glaubens, in die Mitte unserer Gemeinde und in die Zukunft der Kirche.

5. Abschied

2. Timotheus 1,7-10

Ich freue mich sehr, dass ich heute, nach fast einem Jahr Elternzeit, noch einmal an diesen Ort kommen kann. Hier vorne an diesem Pult habe ich immer gerne gestanden, um zu predigen und sie dabei anzuschauen, nach ihren Reaktionen zu forschen, in ihren Gesichtern zu lesen, was sie wohl hören.

Heute geschieht dies zum letzten Mal!

Bewusst Abschied zu nehmen, Abschied zu gestalten und sich dabei auch der eigenen Empfindungen noch einmal bewusst zu werden, das ist wichtig.

Und darum bin ich dankbar für diese Möglichkeit heute Morgen.

Wenn ich an die letzten fünf Jahre zurückdenke, dann erinnere ich mich an Begegnungen und Ereignisse, die mit einer sehr großen Bandbreite von Gefühlen verbunden sind.

Es gab auf der einen Seite Momente echten Glücks und großer Zufriedenheit.

Hier mit den Schülerinnen und Schülern zweier Grundschulen Woche für Woche Gottesdienst zu feiern und dabei zu erleben, wie ein Funke überspringt aus den alten Geschichten der Bibel und in den Kindern eine Begeisterung für das Leben entzündet, das war echtes Glück. Es kann ja nur Geist Gottes sein, was müde Drittklässler morgens um acht zu derart fröhlichen Menschen auferweckt.

Eine Erfahrung, die ich mitnehme und die mich stärkt auf meinem weiteren Weg.

Und es gab Momente großer Zufriedenheit. Ich durfte Menschen an Schnittstellen und in Umbruchsituationen ihres Lebens begleiten, sie haben mich zum Zeugen ihres Lebens und zum Hörer ihrer Geschichten gemacht. Ich danke allen, die mir dieses Vertrauen geschenkt haben und mich damit in meiner Berufung als Pfarrer bestärkt haben.

Es gab aber auch jede Menge Ärger in den letzten fünf Jahren. Petrus, Paulus und Matthias, das sind ja nicht nur die Namen von Aposteln oder von Kirchen in Unterrath und Lichtenbroich. Es sind im Zusammenhang dieser Gemeinde auch Namen für leidenschaftlich, ja verbissen geführte Auseinandersetzungen um kirchliche Standorte und vermeintliche Besitzstände von Gruppen und Parteien in der Gemeinde.

Ein Gefühl, dem ich darum in Unterrath sehr früh und immer wieder begegnet bin, ist die Empörung.

Empörung darüber, dass die evangelische Kirche in den Jahren 2011 und folgende nicht mehr die evangelische Kirche von 1960 ist.

Empörung darüber, dass der nachdrücklich geforderte Aufbruch zu Neuem zugleich den Abschied von Altem bedeutet.

Empörung darüber, dass ich mich nicht zum Vorkämpfer einer Partei in der Gemeinde eignete.

Glück, Zufriedenheit, Empörung.

Ein viertes Gefühl kommt hinzu, das in den vergangenen fünf Jahren mein innerer Kompass war.

Ich meine, das Gefühl verpflichtet zu sein.

Ich könnte auch einfach sagen: ein Pflichtgefühl.

Ich fühlte mich verpflichtet, mit ihnen gemeinsam, aber auch stellvertretend für sie nach neuen Perspektiven zu suchen, nach Lebensperspektiven aus dem Glauben.

Ich fühle mich auch heute Morgen dazu verpflichtet, weil dies mein Auftrag ist.

Diese Lebensperspektiven, auf die uns die Bibel hinweist, sind keine Rezepte für bestimmte Handlungen.

Die Bibel sagt nicht: Heirate diesen Mann, dann wirst du glücklich.

Oder: Meditier jeden Tag eine Stunde, dann wirst du nie mehr traurig sein.

Oder: Denk positiv, dann hast du keine Sorgen.

Es geht in den Lebensperspektiven, die uns die Bibel eröffnet, an vielen Stellen weniger um Handlungen, als vielmehr um eine bestimmte Haltung im Leben.

So jedenfalls in dem Ausschnitt aus dem zweiten Timotheusbrief, der unser heutiger Predigttext ist.

7 Denn Gott hat uns nicht gegeben den Geist der Furcht, sondern der Kraft und der Liebe und der Besonnenheit. 8 Darum schäme dich nicht des Zeugnisses von unserm Herrn noch meiner, der ich sein Gefangener bin, sondern leide mit für das Evangelium in der Kraft Gottes. 9 Er hat uns selig gemacht und berufen mit einem heiligen Ruf, nicht nach unsern Werken, sondern nach seinem Ratschluss und nach der Gnade, die uns gegeben ist in Christus Jesus vor der Zeit der Welt, 10 jetzt aber offenbart ist durch die Erscheinung unseres Heilands Christus Jesus, der dem Tode die Macht genommen und das Leben und ein unvergängliches Wesen ans Licht gebracht hat durch das Evangelium. (Lutherbibel 1984)

Der zweite Timotheusbrief ist literarisch gestaltet als das Vermächtnis des Apostels Paulus für seinen Schüler und Mitarbeiter Timotheus. Auch Paulus nimmt Abschied. Er fasst am Ende seines Lebens, als er schon auf seinen eigenen Tod zugeht, noch einmal zusammen, was wichtig ist.

In der Situation des Abschieds geht es ihm nicht mehr um Detailfragen, sondern um das grundlegend und zentral Wichtige.

Es geht um Jesus Christus und seine Bedeutung für uns Christen.

Und es liegt ja etwas Tröstliches darin, dass damals – gegen Ende des ersten Jahrhunderts – die Erinnerung an die Bedeutung Jesu Christi offensichtlich schon genauso notwendig war wie heute.

Die Christen der dritten Generation hatten uns also offensichtlich nicht so viel voraus.

Sie mussten schon genauso wie wir heute ganz grundlegend daran erinnert werden, welcher Geist ihnen in der Taufe geschenkt worden ist und in ihnen wohnt:

„Gott hat uns nicht gegeben den Geist der Furcht, sondern der Kraft und der Liebe und der Besonnenheit", schreibt Paulus.

Anlässe sich zu fürchten, gab es damals viele. Innere Richtungsstreitigkeiten in der noch jungen Christenheit – offensichtlich auch das nichts Neues heute – und äußere Verfolgung durch den Staat.

Fast schon ein wenig statisch und unbeweglich wirkt es, wie Paulus diese vier Wörter gegeneinander setzt: hier die „Furcht" oder auch „Verzagtheit", dort „Kraft" und „Liebe" und „Besonnenheit".

Und doch sind es nicht nur Wörter, sondern menschliche Erfahrungen und Geschichten, die hinter diesen Begriffen stehen.

Und nicht zuletzt eine bestimmte Haltung dem Leben und den Menschen gegenüber.

Angst und Furcht, Verzagtheit und Mutlosigkeit erscheinen uns oft als individuelles Problem, als Problem von Einzelnen. Allzu gerne glauben wir, es gebe von Natur aus mutige oder furchtsame Menschen. Ich glaube nicht daran.

Wir alle haben Angst. Hätten wir nicht die Fähigkeit, Angst zu empfinden, wäre die Menschheit wohl längst ausgestorben. Angst warnt uns vor Gefahren. Wenn wir Angst haben, dann beschleunigt sich unser Puls, die Pupillen verengen sich, der Blutdruck steigt und wir entscheiden uns in Sekundenbruchteilen, ob wir fliehen oder kämpfen. Im Angesicht des Löwen oder vor der großen Welle rettet Angst Leben.

Doch die Gabe der Angst kann auch missbraucht werden. Und sie wird missbraucht.

Sie wird zum Beispiel von denen missbraucht, die uns einreden wollen, kulturelle Vielfalt bedrohe unsere Heimat, bedrohe unsere Identität. Wie gut das funktioniert, war letztes Wochenende bei den Landtagswahlen in Mecklenburg-Vorpommern zu beobachten. Angst wird erzeugt, um Menschen gefügig zu machen, und dabei scheint jedes Mittel recht. Die Lüge hat Hochkonjunktur in unseren Tagen.

Die Vergiftung des politischen Klimas gefährdet unsere Demokratie.

In Talkshows, Sozialen Medien und auf den Straßen ist die Stimmung dauerhaft gereizt. Immer hemmungsloser wird gegeneinander und übereinander geredet. Keiner hört mehr dem anderen zu.

Oder nur, um möglichst schlagkräftig zu antworten, nicht mehr um zu verstehen.

Keine Zuspitzung reicht aus, um sein eigenes Ding nach vorne zu bringen, je radikaler umso besser.

Es ist angesagt, verbal die Sau rauszulassen, als gäbe es kein Morgen.

Das, liebe Gemeinde, passiert immer dann, wenn der Geist der Furcht triumphiert. Dann gebiert

Angst immer neue Angst. Ein Teufelskreis, der erst dann zum Stillstand kommt, wenn sich die Haltung zueinander ändert:

Wenn an die Stelle von Furcht wieder Kraft, Liebe und Besonnenheit treten.

Lassen wir nicht zu, dass der Geist der Furcht auch unter uns herrscht!

Paulus schreibt an Timotheus: „Ich rufe dir ins Gedächtnis: Lass das Feuer der Gabe Gottes, …, wieder brennen." Damit meint er die Gabe des Heiligen Geistes, den wir in der Taufe empfangen haben, eben den Geist der Kraft und der Liebe und der Besonnenheit. Diesen Geist in uns und unter uns wirken zu lassen, das ist keine Hexerei, sondern schlicht und ergreifend eine Entscheidung.

„Besonnenheit" hat verschiedene Aspekte. Einer davon ist die Disziplin, und zwar die Selbstdisziplin. In der Disziplinierung von anderen sind wir alle Meister. Aber wenn es um uns selbst geht, wird es meistens schwierig.

Glauben sie mir: Ich weiß, wovon ich rede.

Wenn Paulus uns also an den Geist der Besonnenheit erinnert, den wir empfangen haben, dann ruft er uns damit auch zur Entscheidung für die Liebe auf. Nicht zu irgendeinem Gefühl, sondern zur Solidarität. Dazu, dass wir zusammen halten um Christi willen, weil wir seine Schwestern und Brüder sind.

Darum ist heute mein Wunsch und meine Bitte an euch, liebe Schwestern und Brüder: Lasst das Feuer der Gabe Gottes wieder brennen in euch.

Haltet zusammen um Christi willen.

Lasst euch nicht auseinanderdividieren im Namen von Petrus oder Paulus, sondern sucht das Beste füreinander und für die Menschen in Unterrath und Lichtenbroich. Seid glaubwürdige Zeuginnen und Zeugen des Evangeliums von Jesus Christus.

Für die Menschen, die auf Euch und euer Zeugnis warten!

Denn dieses Evangelium ist eine ganz unvergleichliche Macht in unserem Leben.

Wer sonst hat denn die Botschaft von „Christus Jesus, der dem Tode die Macht genommen und das Leben", unvergängliches Leben, „ans Licht gebracht hat"?

Wer sonst soll denn dieses Evangelium bezeugen, wenn nicht ihr, seine Hörerinnen und Hörer.

Lasst euch von dieser schönen Aufgabe nicht abbringen durch den menschlich-allzu menschlichen Ärger um Kirchen und Gemeindehäuser.

Und lasst euch vor allem die Freude am Leben und am Glauben nicht nehmen durch diesen Ärger!

Ich weiß, das Evangelium zu hören, Vertrauen zu wagen, an das unvergängliche Leben zu glauben, das Gott uns schenkt, das fällt manchmal schwer.

Es ist ja weiß Gott nicht nur der alltägliche Ärger, der dagegen sprechen kann, sondern so viel mehr.

Der geliebte Mensch, der nun schon im fünften oder im zehnten Jahr nicht mehr bei uns ist, und die Trauer, die nicht mehr weichen will.

Die Krankheit, die nach und nach alle Perspektiven einengt.

Oder einfach nur der bedrückende Umstand, dass am Ende des Geldes immer noch so viel vom Monat übrig ist.

Das alles kann uns zum Verzweifeln bringen und die Hoffnung abschnüren.

Umso wichtiger ist es dann, dass wir Menschen haben, an denen wir uns aufrichten können, auch und gerade im Glauben. Wir brauchen die Schwester und den Bruder in der Nähe, wir brauchen aber auch die großen Vorbilder im Glauben, die uns ein Vermächtnis geben, die uns ein Beispiel geben, wie es gelingen kann, das Feuer der Gabe Gottes immer wieder brennen zu lassen, gerade auch in schwierigen Zeiten.

Timotheus hatte seinen Paulus, an dem er sich orientieren konnte.

Für mich ist in den letzten Jahren eine Person immer wichtiger geworden, die mir meinen Glauben an den „Christus Jesus, der dem Tode die Macht genommen hat", neu erschlossen hat.

Ich spreche von Martin Luther King. Mit seinen Worten möchte ich schließen.

Ein leuchtender Morgen

Komme, was mag, Gott ist mächtig.
Wenn unsere Tage verdunkelt sind
und unsere Nächte finsterer
als tausend Mitternächte, so wollen
wir stets daran denken,
dass es in der Welt eine große,
segnende Kraft gibt, die Gott heißt.
Es will das dunkle Gestern
in ein helles Morgen verwandeln –
zuletzt in den leuchtenden Morgen der Ewigkeit.

II. Haltung finden

1. Frieden suchen

Jesaja 2,1-5

1 Dies ist's, was Jesaja, der Sohn des Amoz, geschaut hat über Juda und Jerusalem: 2 Es wird zur letzten Zeit der Berg, da des HERRN Haus ist, fest stehen, höher als alle Berge und über alle Hügel erhaben, und alle Heiden werden herzulaufen, 3 und viele Völker werden hingehen und sagen: Kommt, lasst uns auf den Berg des HERRN gehen, zum Hause des Gottes Jakobs, dass er uns lehre seine Wege und wir wandeln auf seinen Steigen! Denn von Zion wird Weisung ausgehen und des HERRN Wort von Jerusalem. 4 Und er wird richten unter den Heiden und zurechtweisen viele Völker. Da werden sie ihre Schwerter zu Pflugscharen und ihre Spieße zu Sicheln machen. Denn es wird kein Volk wider das andere das Schwert erheben, und sie werden hinfort nicht mehr lernen, Krieg zu führen. 5 Kommt nun, ihr vom Hause Jakob, lasst uns wandeln im Licht des HERRN! (Lutherbibel 1984)

„Eine Vision vom kommenden Frieden", eine solche Vision wird uns im Buch des Propheten Jesaja vor Augen gestellt.

Teil dieser großen Vision ist ein Bild, das einmal sehr populär gewesen ist. Ich meine das biblische Bild von den Schwertern, die eines kommenden Tages einmal zu Pflugscharen umgeschmiedet werden. Schwerter zu Pflugscharen, das bedeutet, es kommt der Tag, an dem die Waffen zu Ackergeräten umgebaut werden. Was einmal Tod und Vernichtung über die Menschen gebracht hat, wird zur Hege und Pflege der Äcker eingesetzt. Was Zerstörung brachte, wird zu etwas Nützlichem umgebaut.

Schwerter zu Pflugscharen, dieses Bild erinnert mich an zwei Geschichten, die eng mit Ereignissen aus der jüngeren Geschichte Deutschlands und Europas verbunden sind.

Zum einen erinnert es mich an ein Salatsieb, das meine Großmutter in ihrer Küche benutzte.

Als Kind faszinierte mich dieses Salatsieb sehr, weil es etwas anders aussah als die Salatsiebe, die ich sonst so in den Haushaltswarenläden gesehen hatte. Es war irgendwie dicker und schwerer als andere Salatsiebe, die man zu meiner Kindheit kaufen konnte. Es hatte auch Löcher, aber diese Löcher schienen mit hoher Kraft gebohrt worden zu sein. Eines Tages habe ich dann meine Großmutter gefragt: Was ist das für ein komisches Salatsieb, das du da benutzt? Und dann erzählte mir meine Großmutter die Geschichte: Dieses Salatsieb ist einmal ein Stahlhelm gewesen. Deshalb ist es so dick, und deshalb ist es so schwer. Und dein Großvater musste es mit in die Fabrik nehmen, um die Löcher hinein zu bohren. Waffenstahl ist nichts für Haushaltsbohrer, da braucht es andere Kräfte, um aus einem Stahlhelm ein rechtes Salatsieb zu machen.

Stahlhelme zu Salatsieben, Geschosshülsen zu Milchkannen, Granatkartuschen zu Blumenvasen, Uniformstoffe zu Mänteln, Gasmasken zu Spielzeug, Granatsplitter zu Kruzifixen – so sahen sie aus, die sichtbaren Zeichen in der deutschen Nachkriegsgeschichte, die eine neue Zeit, eine Zeit des Friedens verkündeten.

„Schwerter zu Pflugscharen", dieses Bild erinnert mich noch an eine zweite Geschichte, eine Geschichte von der Friedenssehnsucht und der Arbeit für den Frieden.

Das Bild „Schwerter zu Pflugscharen" wurde zum Symbol der kirchlichen Friedensbewegung in der damaligen DDR. Das Bild, das sie auf der dritten Seite ihrer Gottesdienstblätter finden, stellt in der Mitte eine Bronzeskulptur dar, die ursprünglich im Jahr 1959 von dem sowjetischen Bildhauer Jewgeni Wutschetitsch im Staatsauftrag gestaltet und im Garten der Vereinten Nationen in New York aufgestellt wurde.

Kritisch könnte man sagen: Es handelt sich dabei um ein Stück Propagandakunst im Stil des sozialistischen Realismus. Damit wollte die Sowjetunion sich als Friedensmacht darstellen. Ein Anspruch, den sie während des Kalten Krieges nicht einlösen konnte. Und darum wurden die Staaten des sog. Ostblocks von den Kirchen immer wieder an die biblische Vision vom kommenden Frieden erinnert.

Es waren die Kirchengemeinden, die mitten im Kalten Krieg beharrlich und unerschütterlich gegen vielfache Kritik und Verleumdung an der Vision vom kommenden Frieden festgehalten haben.

Am Buß- und Bettag des Jahres 1980 gestalteten evangelische Jugendgruppen in der DDR als Geschenk für die Gottesdienstbesucher ein Lesezeichen. Und auf diesem Lesezeichen war jenes Motiv abgedruckt, das sie heute auf ihren Gottesdienstblättern sehen können: die Figur des Helden der Arbeit, der Schwerter zu Pflugscharen schmiedet. Allerdings: Sie wurde von den evangelischen Jugendgruppen auf ihren biblischen Ursprung zurückgeführt.

In dem Fall wurde Micha 4 zitiert, wo das Bild von den Schwertern und Pflugscharen auch steht. Es ist eben ein weit verbreitetes Bild in der Bibel. Wichtiger als die Bibelstelle ist aber der Symbolgehalt. Und der besagt: Frieden entsteht nicht durch Waffengewalt, sondern durch die Lebenskraft und die Orientierung, die von Gott kommen.

Rund zwanzig Jahre nach den friedlichen Revolutionen, die weit über Deutschland und Europa hinaus gewirkt haben, zwanzig Jahre nach dem Ende des Kalten Krieges stellt sich die Frage: Ist diese biblische Vision vom kommenden Frieden noch aktuell?

Mit dem Ende des Ost-West-Gegensatzes, mit dem Ende des Kalten Krieges sah manch einer schon einen ewigen Frieden anbrechen.

Vom „Ende der Geschichte" wurde sogar gesprochen:

Was soll noch kommen, nachdem wirtschaftliche und politische Freiheit sich auch im Osten Europas durchgesetzt haben?

Was soll noch kommen, nachdem aus der Berliner Mauer bunte Souvenirs für Touristen aus aller Welt geworden sind?

Sind wir da nicht eigentlich am Ziel angekommen, in einer friedlichen Welt?

Tatsächlich: Für einen Moment sah es so aus. Doch leider haben uns dann die Entwicklungen der letzten zehn Jahre eines schlechteren belehrt. Neben zahllosen lokalen Kriegen in Afrika werden auch wieder große Kriege geführt, die ganze Weltregionen destabilisieren können: die Kriege im Irak und in Afghanistan stehen stellvertretend dafür, dass die Welt vom endgültigen Frieden noch weit entfernt ist.

Also: die biblische Vision vom kommenden Frieden ist topaktuell. Das liegt auf der Hand.

Der Prophet Jesaja spricht von einem Frieden, der damit beginnt, dass der Berg, auf dem der Tempel Gottes in Jerusalem steht, erhöht wird, so dass nicht nur die Israeliten, sondern alle Völker der

Erde diesen Berg und den Tempel darauf sehen können.

Man kann sich das gar nicht so recht vorstellen, was der Prophet da vor Augen hat, wie sich ein Berg einfach erhöhen soll. Aber diese Frage muss uns nicht von dem abbringen, was im Mittelpunkt steht: Die Völker der Welt strömen zum Tempel in Jerusalem.

Die Völker der Welt strömen zum Tempel nach Jerusalem, weil sie sich nach Orientierung sehnen.

Sie sagen: „Kommt, wir gehen ... zu dem Haus, in dem der Gott Jakobs wohnt! Er soll uns lehren, was Recht ist; was er sagt, wollen wir tun!"

Da haben Menschen die Erwartung: Wenn wir uns an Gott wenden, dann finden wir Wege aus unseren Konflikten, dann können wir vor Gott unseren Streit beilegen, Frieden schließen und Versöhnung finden. In der gemeinsamen Hinwendung zu Gott und in einem Leben nach seinen Geboten liegt die Quelle des Friedens.

Das ist die Botschaft des Propheten, die anschaulich wird in dem Bild von den Schwertern und den Pflugscharen. „Kein Volk wird mehr das andere angreifen", so heißt es bei Jesaja, „und niemand lernt mehr das Kriegshandwerk." So wird es sein, wenn Menschen Frieden schließen mit Gott und miteinander.

Mir ist beides wichtig: Frieden schließen mit Gott und miteinander.

Denn ich glaube: Ohne Frieden mit Gott wird es auf Dauer auch keinen Frieden unter den Menschen geben.

Und das schließt für mich den Frieden der Religionen ein.

Für mich ist das eine der zentralen Herausforderungen des 21. Jahrhunderts:

Akzeptieren lernen, dass es Menschen anderen Glaubens gibt – weltweit, aber auch hier bei uns!

Akzeptieren lernen, dass auch diese Menschen ein Recht auf ihren Glauben haben, auf ihre Gebete und auf ihre Feste.

Momentan wirkt sich die Vielfalt der Religionen noch allzu oft als Motor von Konflikten aus.

Deshalb werden wir noch lange Zeit Institutionen wie die Vereinten Nationen brauchen, die für den Frieden in der Welt arbeiten und dabei die Religionsfrage weitgehend ausklammern.

Wir sollten solche Institutionen auf keinen Fall unterschätzen. Sie können viel erreichen! Von einem Beispiel möchte ich erzählen.

Der 21. September jeden Jahres ist der Internationale Tag des Friedens der Vereinten Nationen. Durch das Engagement vieler Menschen ist es möglich geworden, dass am 21. September 2008 zum ersten Mal seit mehr als 30 Jahren wieder die Waffen in Afghanistan für einen ganzen Tag schwiegen. Für einen Tag kein Krieg in diesem geschundenen Land. Ein Tag, an dem Millionen von Kindern gegen Kinderlähmung geimpft werden konnten und dadurch eine Zukunft geschenkt bekamen.

Ein Tag, der beweist: Frieden ist möglich.

Die Vision vom kommenden Frieden ist darum keine Schönfärberei, kein Wunschdenken, sondern eine Kraft, die Menschen ermächtigt, sie umtreibt und nicht mehr loslässt.

Damit aber der Frieden Raum greift, sich über den einen Tag hinaus ausbreitet, brauchen wir nicht nur den Frieden der Vereinten Nationen, sondern auch den Frieden der Religionen.

Nur wenn wir Frieden schließen mit Gott und miteinander, hat der Frieden auf Dauer eine Chance.

Anders gesagt: Wir brauchen als Menschen unterschiedlichen Glaubens Orte wie diesen Berg Gottes, den der Prophet Jesaja in seiner Vision sieht.

Orte, an dem die Menschen sich begegnen und Frieden vor Gott schließen können.

Orte, die von der Suche nach Gemeinsamkeiten geprägt sind, ohne das Trennende zu vergessen.

Um es klar zu sagen: Beim Frieden der Religionen geht es nicht darum, den eigenen Glauben zu verleugnen. Das wäre ein Irrweg. Es geht vielmehr darum, aus dem eigenen Glauben heraus Wege zu den Menschen anderen Glaubens zu suchen, sie zu verstehen und Gemeinsamkeiten mit ihnen zu teilen, nicht zuletzt gemeinsam Schwerter zu Pflugscharen zu schmieden.

Und das ist allemal harte Arbeit. Von Martin Luther stammen die folgenden Zeilen:

„Du darfst nicht denken, dass dir der Friede nachlaufen wird; im Gegenteil: Zorn, Unfriede und Rache werden dir nachlaufen, sodass du Bösem mit Bösem zu vergelten bewegt wirst. Aber kehre dieses Blatt um: suche du selbst den Frieden; leide und tue, was du kannst. Du musst dir selbst wehe tun" – im Sinne von: du musst dich selbst anstrengen – „musst ihm folgen und nachlaufen."

2. Suche nach Gott

Jesaja 63,15-19b; 64,1-3

15 So schau nun vom Himmel und sieh herab von deiner heiligen, herrlichen Wohnung! Wo ist nun dein Eifer und deine Macht? Deine große, herzliche Barmherzigkeit hält sich hart gegen mich. 16 Bist du doch unser Vater; denn Abraham weiß von uns nichts, und Israel kennt uns nicht. Du, HERR, bist unser Vater; »Unser Erlöser«, das ist von alters her dein Name. 17 Warum lässt du uns, HERR, abirren von deinen Wegen und unser Herz verstocken, dass wir dich nicht fürchten? Kehr zurück um deiner Knechte willen, um der Stämme willen, die dein Erbe sind! 18 Kurze Zeit haben sie dein heiliges Volk vertrieben, unsre Widersacher haben dein Heiligtum zertreten. 19 Wir sind geworden wie solche, über die du niemals herrschtest, wie Leute, über die dein Name nie genannt wurde. Ach dass du den Himmel zerrissest und führest herab, dass die Berge vor dir zerflössen, 1 wie Feuer Reisig entzündet und wie Feuer Wasser sieden macht, dass dein Name kundwürde unter deinen Feinden und die Völker vor dir zittern müssten, 2 wenn du Furchtbares tust, das wir nicht erwarten — und führest herab, dass die Berge vor dir zerflössen! — 3 und das man von alters her nicht vernommen hat. Kein Ohr hat gehört, kein Auge hat gesehen einen Gott außer dir, der so wohltut denen, die auf ihn harren. (Lutherbibel 1984)

Wir feiern Advent. Der Wochenspruch dieser Woche drückt das in schönstem Lutherdeutsch aus:

„Seht auf und erhebt eure Häupter, weil sich eure Erlösung naht."

Es naht sich aber für viele Menschen nicht die Erlösung, sondern der unvermeidliche Stresshöhepunkt des ganzen Jahres. Sich mit tausenden anderen Menschen in überfüllten Innenstädten auf die Jagd nach Weihnachtsgeschenken zu machen, dem Verkehrschaos mutig zu trotzen und neben den unvermeidlichen U-Bahn-Baustellen nun auch noch mutwillig errichtete Eisbahnen zu umgehen, das erfordert schon starke Nerven. Dabei trägt es keineswegs zur Entspannung bei, wenn sich über dem Konsumdruck, über die Erwartung zu schenken und beschenkt zu werden, auch noch der mächtige Anspruch erhebt, besinnlich zu sein, wenigstens von Zeit zu Zeit. Überhaupt ist Besinnlichkeit eine schwierige Übung, wenn der Sinn, auf den man sich besinnt, nicht klar ist. Die Marketingstrategen der Vorweihnachtszeit haben das längst erkannt und sind mit neuartigen Qualitätsversprechen in die Sinn-Lücke hineingesprungen. Auf deutschen Weihnachtsmärkten wird jetzt immer öfter „Winzerglühwein" ausgeschenkt. Ein Wort, das Qualität verspricht. Und Qualität verspricht Sinn.

Wem derartige Besinnlichkeit nicht genügt oder tendenziell vielleicht sogar auf die Nerven geht, dem kann geholfen werden. Der heutige Predigttext aus dem Buch des Propheten Jesaja ist nämlich auch alles andere als besinnlich.

Im Gegenteil: Er öffnet erst recht die Schleusen der Klage, er gibt Erlaubnis zum Klagen, ja er lädt geradezu zum Klagen ein. Er zerreißt den Schleier der

Besinnlichkeit, nicht etwa um uns die Stimmung zu verderben, sondern damit es wirklich Frieden werden kann auf Erden.

Wer sich der Klage stellt, wer durch die Klage hindurch geht, wird am Ende Frieden finden, das ist das Qualitätsversprechen, das Evangelium des Jesaja.

Doch zu beklagen gibt es einiges.

I.

Da ist zum einen ein großer Abbruch in der Überlieferung unserer sinnstiftenden Traditionen. „Abraham weiß von uns nichts, und Israel kennt uns nicht", klagt Jesaja. Zwischen die Erzväter des Volkes und die Menschen in der Gegenwart hat sich eine Mauer des Vergessens geschoben. „Abraham weiß von uns nichts", und wir wissen nichts mehr von Abraham, das stimm wohl auch für viele Menschen heute.

Viele Menschen fühlen sich nicht mehr Gemeinschaften zugehörig, die von Traditionen leben. Es sind selbst gewählte Interessen und spontane Ereignisse, die Zusammenhalt ermöglichen. Es sind die berühmten emotionalen Momente, die Wärme erzeugen und Menschen zusammenführen.

Am Freitagabend habe ich in den Schadow-Arkaden selbst so einen Moment erlebt. Dort steht in der Mitte, im Treppenhaus, ein großer, mehrere Meter hoher Weihnachtsbaum. Und als dieser Weihnachtsbaum begann, sich unter den Klängen von weihnachtlicher Musik zu drehen, da blieben viele Menschen stehen, zückten ihre Handys und filmten diesen Moment. Eine spontane, geradezu andächtig auf diesen Baum schauende Gemeinschaft von Menschen, denen diese Unterbrechung ihrer Geschäfte offenbar hoch willkommen war.

Es gibt bei allem Verlust von Traditionen eine große Sehnsucht nach Erlösung, nach Erleichterung des Lebens, nach Hoffnung über den Konsum hinaus, nach Frieden in der Welt.

Von Jesaja können wir lernen, dass die Klage über den Verlust von Traditionen nicht neu ist. Neu ist auch nicht das Mittel, das er empfiehlt: die Besinnung auf Gott und seinen Namen.

„'Unser Erlöser', das ist von alters her dein Name", so sagt es der Prophet.

Noch vor den Traditionen, die wir vergessen haben, ist es der lebendige Gott selbst, der sich uns zuwendet. Und noch nachdem alle Traditionen vergessen sein werden, wird sich über den Winzer-Glühweinschwaden der Weihnachtsmärkte ein Name erheben:

„Du, HERR, bist unser Vater, 'unser Erlöser'".

Ich glaube, es hat eine große Verheißung, wenn wir uns als Christen auf diesen Namen besinnen und die Suche nach Gott wieder zu unserer Sache machen in dieser Adventszeit.

Es ist ja nicht so, dass wir Gott hätten in unseren Kirchen und Gemeindehäusern, dass wir schon alles über Gott wüssten, dass wir voller Vertrauen auf Gott wären. Auch wir sind ja allzuoft mit allerlei Besinnlichkeiten befasst und zerstreuen uns in vielfältigen Aktivitäten. Wer hindert uns eigentlich daran, uns Besinnung zu gönnen, anstatt uns mit bloßer Besinnlichkeit zu begnügen. Besinnung auf Gott, unseren Erlöser, und auf uns selbst, um Gewissheit darüber zu erlangen, was unser Weg in dieser Gesellschaft sein kann, als Singles und Paare, als Familien und Gemeinde.

II.

Ja, auch Besinnung auf uns selbst ist wohl nötig in diesen Adventstagen. Es hat wenig Sinn, auf die gottvergessene Welt zu zeigen und sich selbst als Kirche aus dem Blick zu verlieren.

Ein besonders schmerzlicher Anlass zur Klage bot sich in der vergangenen Woche, als sich die Nachricht von einer Finanzaffäre verbreitete, die unsere rheinische Kirche erschüttert.

Ein kircheneigenes Finanzunternehmen ist in die Schlagzeilen geraten, weil es durch misslungene Anlagegeschäfte unter Druck geraten ist. Die Ursache dafür war Betrug durch Dritte, aber offenbar auch der eigene Versuch, durch besonders riskante Geschäfte hohe Renditen zu erzielen. Es sieht so aus, als sei auch dieses kircheneigene Unternehmen der Gier verfallen, die wir als Christen so oft bei anderen anprangern, nicht zuletzt bei den Finanzjongleuren an den Devisenmärkten.

Es stimmt ja, dass Produktion, Handel und Finanzwirtschaft dieser Tage oft weit weg sind von den guten Wegweisungen Gottes für ein friedliches und gerechtes Zusammenleben der Menschen.

„Umso bitterer ist es", so Präses Nikolaus Schneider in einer Stellungnahme vor der Presse, „dass eine Firma, die uns als Evangelische Kirche im Rheinland gehört, in ihrem wirtschaftlichen Handeln offenkundig selbst Maß und Ziel aus den Augen und damit viel, viel Geld verloren hat."

In den Worten Jesajas: „Wir sind geworden wie solche, über die du niemals herrschtest, wie Leute, über die dein Name nie genannt wurde."

Wir sind wie diejenigen geworden, die wir als Kirche wegen ihrer Gier kritisiert haben. Und nun haben wir allen Anlass, uns selbstkritisch zu fragen, wie es dazu kommen konnte, welche Mechanismen versagt haben, welche Menschen Verantwortung tragen.

Fragen, die notwendig sind, nicht um den Stab über Menschen zu brechen, sondern um aus den Fehlern zu lernen. Um vor allem die eigene Verführbarkeit zu sehen. Den Reiz, der darin liegt, nun auch einmal groß abzukassieren wie die Kinder dieser Welt.

Da läge es wirklich nahe, mit dem Propheten zu rufen, ja zu schreien:

„Ach dass du den Himmel zerrissest und führest herab, dass die Berge vor dir zerflössen."

Angesichts des Schadens, der da nicht nur finanziell, sondern auch an der Glaubwürdigkeit unserer Kirche entstanden ist, wäre so ein Eingreifen Gottes, ein mächtiges Zeichen nicht schlecht. Doch vielleicht ist auch so schon genug Feuer unter dem Kessel, hat das Wasser auch so schon seinen Siedepunkt erreicht.

Besinnen wir uns also ein letztes Mal auf den Namen Gottes, auf den Namen dessen, den wir erwarten im Advent.

III.

Auf ein mächtiges Zeichen hofft der Prophet Jesaja. In seiner Klage schwingt Wut mit. Vielleicht schwingt in jeder Klage Wut mit. Das jedenfalls würde erklären, weshalb aus Klagen so schnell Anklagen werden.

Es kann doch nicht sein, dass die Verhältnisse so sind, wie sie sind. Da muss doch Gott endlich einmal eingreifen, und dem Skandal ein Ende machen.

Neo-Nazis treiben jahrelang ihr Unwesen in einem von ihnen sogenannten „Nationalsozialistischen Untergrund". Der Verfassungsschutz ist möglicherweise verstrickt; die Frage, ob Steuergelder in die Finanzierung des braunen Terrors geflossen sind, wird geprüft.

„Ach dass du den Himmel zerrissest und führest herab, dass die Berge vor dir zerflössen." Wie kann es sein, dass Gott schweigt im Angesicht dieser Dinge.

Wo ist Gott?

Warum hebt er nicht endlich seinen mächtigen Arm und schafft Klarheit, erlöst uns von dem Bösen, das uns da bedroht?

Ich finde mich wieder in der Sehnsucht des Propheten. In der Sehnsucht eines Menschen, der auf einen Befreiungsschlag hofft. Was wäre das für eine Erlösung, wenn sich der Nebel unserer Zweifel, wenn sich das Gespinst unserer Machenschaften mit einem Schlag lichten, wenn das Wurzelwerk des Bösen ein- für allemal ausgerottet würde?

„Ach dass du den Himmel zerrissest." Und dann zerreisst Gott den Himmel, aber es zerfliessen keine Berge, sondern es kommt zur Welt – ein Mensch, klein und hilflos.

Ein Mensch, mit dem Gott in der Welt immer wieder ganz klein anfängt.

Ein Mensch, der mächtig ist allein in seinem Wort.

Ein Mensch, der uns hineinzieht in das Vertrauen auf Gott.

Ein Mensch, der uns in seine Nachfolge ruft – geduldig und beharrlich, Tag für Tag und Schritt für Schritt.

3. Hoffnung lernen

Römer 15,4-13

4 Denn was zuvor geschrieben ist, das ist uns zur Lehre geschrieben, damit wir durch Geduld und den Trost der Schrift Hoffnung haben. 5 Der Gott aber der Geduld und des Trostes gebe euch, dass ihr einträchtig gesinnt seid untereinander, Christus Jesus gemäß, 6 damit ihr einmütig mit einem Munde Gott lobt, den Vater unseres Herrn Jesus Christus. 7 Darum nehmt einander an, wie Christus euch angenommen hat zu Gottes Lob. 8 Denn ich sage: Christus ist ein Diener der Juden geworden um der Wahrhaftigkeit Gottes willen, um die Verheißungen zu bestätigen, die den Vätern gegeben sind; 9 die Heiden aber sollen Gott loben um der Barmherzigkeit willen, wie geschrieben steht (Psalm 18,50): »Darum will ich dich loben unter den Heiden und deinem Namen singen.« 10 Und wiederum heißt es (5.Mose 32,43): »Freut euch, ihr Heiden, mit seinem Volk!« 11 Und wiederum (Psalm 117,1): »Lobet den Herrn, alle Heiden, und preist ihn, alle Völker!« 12 Und wiederum spricht Jesaja (Jesaja 11,10): »Es wird kommen der Spross aus der Wurzel Isais und wird aufstehen, um zu herrschen über die Heiden; auf den werden die Heiden hoffen.« 13 Der Gott der Hoffnung aber erfülle euch mit aller Freude und Frieden im Glauben, dass ihr immer reicher werdet an Hoffnung durch die Kraft des Heiligen Geistes. (Lutherbibel 1984)

Der Advent ist die Zeit, in der wir Christen das Hoffen lernen.

Der Advent ist natürlich auch die Zeit von Erinnerungen und Traditionen. Weihnachtsmärkte und Glühweinduft, Adventsbasare und Spekulatius, verstopfte Innenstädte und hektische Einkäufe kurz vor Ladenschluss, das alles sind mehr oder weniger liebgewordene Traditionen.

Doch der Advent als Zeit der Erinnerung, der Rückbesinnung auf Vergangenes greift entschieden zu kurz. Wir erinnern uns nämlich nicht nur an die Erwartungen der Menschen früher im Sinne von:

„Da gab es mal Menschen, die haben Großes von der Zukunft erwartet, die Propheten und Gläubigen vergangener Tage, aber wir heute, wir haben alle Hoffnung fahren lassen." Das wäre eine traurige Adventszeit.

Doch der Advent soll keine traurige Zeit sein. Der Advent wurde einmal erfunden als Fastenzeit, als Zeit der Besinnung, die uns in Erwartung versetzen soll, in freudige Erwartung.

Der Advent ist die Zeit, in der wir Christen das Hoffen lernen.

Soweit so gut.

Doch ob die Hoffnung überhaupt ein lohnendes Lernziel ist, das ist umstritten. Denn es gehört zur Hoffnung, dass sie enttäuscht werden kann. Manch einer meint, die Hoffnung selbst sei bereits der erste Schritt auf dem Weg zur Enttäuschung.

Der antike Mythos von der Büchse der Pandora bringt das zum Ausdruck. Der Gott Zeus gab einer

Frau mit dem Namen Pandora den Befehl, den Menschen eine Büchse zu schenken und ihnen mitzuteilen, dass sie sie auf keinen Fall öffnen sollten. Doch es kam, wie es kommen musste.

Von Neugier übermannt, öffneten die Menschen die Büchse trotzdem. Daraufhin entwichen aus ihr alle Laster und Untugenden, alles Schlechte der Welt. Zuvor hatten die Menschen weder Übel noch Mühen, weder Krankheiten noch Tod gekannt. Als einzig Gutes enthielt die Büchse neben allen Übeln auch die Hoffnung. Da fragt sich doch, ob die Welt ohne Hoffnung nicht besser dran wäre.

Einer der das entschieden bejaht hat, war der Philosoph Friedrich Nietzsche. Er schreibt im Blick auf die Büchse der Pandora: „Zeus wollte …, dass der Mensch, auch noch so sehr durch die anderen Übel gequält, doch das Leben nicht wegwerfe, sondern fortfahre, sich immer von Neuem quälen zu lassen. Dazu gibt er dem Menschen die Hoffnung: sie ist in Wahrheit das übelste der Übel, weil sie die Qual der Menschen verlängert."[1]

Die Hoffnung als quälendes Geschenk der Götter, das nur immer neue Enttäuschung produziert, dieses Verständnis von Hoffnung erzeugt ganz gewiss keine Adventsstimmung.

Es ist ja wahr, dass wir auch in diesem Advent herbe Enttäuschungen erlebt haben und uns mit vagen Hoffnungen über Wasser halten.

Eine herbe Enttäuschung ist das Verhalten der politischen Führung in Russland nach der Wahlschlappe vom vergangenen Sonntag. Nachdem weder die staatliche Kontrolle des politischen Wettbewerbs noch Wahlfälschungen verhindern konnten, dass die Staatspartei „Einiges Russland" unter die 50 %-Marke rutschte, fuhren erstmal Panzer gegen die Demonstranten in Moskau auf. Ob das noch etwas mit Demokratie zu tun hat oder schon „lupenreine Diktatur"[2] ist, kann man durchaus fragen.

Eine vage Hoffnung richtet sich in diesen Tagen nach Brüssel. Diesmal soll der EU-Gipfel den Euro aber wirklich retten. Keine halbseidenen Kompromisse, keine faulen Deals mehr, lautet die Devise.[3] Vertrauen in die Handlungsfähigkeit der Politik sei jetzt endlich wieder herzustellen. Wir dürfen gespannt sein.

Wer hofft, kann also enttäuscht werden. Und doch geht es nicht ohne Hoffnung. Die Hoffnung stirbt bekanntlich zuletzt. Und weil es ganz ohne Hoffnung nicht geht, richtet sie sich auf das Kleine und Alltägliche.

Die kleine Hoffnung, dass es morgen ein kleines bisschen besser geht als heute, sie gehört zu den zutiefst menschlichen Alltagshoffnungen, die uns am Leben halten.

Und dennoch: Wenn es so steht um die Hoffnung, dann ist es höchste Zeit, dass wir unseren Horizont etwas weiten lassen.

Der Advent ist die Zeit, in der wir Christen das Hoffen lernen, weil wir den „Gott der Hoffnung" erwarten. „Gott der Hoffnung", bei diesem Namen nennt Paulus Gott. Und mit diesem Namen „Gott der Hoffnung" stellt der Apostel uns in eine Geschichte der menschlichen Hoffnungen hinein, die lange vor dem Christentum begonnen hat. Er knüpft an die Hoffnungsgeschichte des Alten Testaments, der hebräischen Bibel, an, damit wir Hoffnung haben, die auch Enttäuschungen übersteht.

Um zu verdeutlichen, was Paulus damit meint, muss ich etwas von der Situation erzählen, in der er den Römerbrief geschrieben hat.

Paulus schreibt den Brief an die Gemeinde in Rom, die von starken inneren Spannungen fast zerrissen wird. Da gibt es auf der einen Seite jüdische Christen, die sich nach wie vor an ihre jüdischen Speisegebote gebunden fühlen und beispielsweise kein Fleisch essen. Auf der anderen Seite gibt es nichtjüdische Christen, die sogenannten Heiden, für die die jüdischen Speisegebote noch nie eine Bedeutung hatten und die sich keinen Deut darum scheren. Beide Gruppen stehen sich in der Gemeinde unversöhnlich gegenüber.

Paulus vermittelt zwischen ihnen, indem er argumentiert: Unsere Zugehörigkeit zu Jesus Christus hängt nicht daran, ob wir die Speisegebote einhalten oder nicht. Weder sind wir ängstlich an sie gebunden, noch müssen wir den anderen ständig beweisen, dass wir nicht an sie gebunden sind. Es kommt vielmehr darauf an, dass wir gemeinsam

„mit einem Munde" Gott loben, wie es unserem Herrn und Bruder Jesus Christus entspricht. Niemand soll dieses Gotteslob verhindern, indem er auf irgendwelche Positionen oder Vorlieben pocht, denn dieses Lob Gottes „mit einem Munde", also in der Gemeinschaft, dieses Lob Gottes ist der Pulsschlag der Hoffnung.

Damit wir uns nicht missverstehen: Unterschiede dürfen sein in der christlichen Gemeinde. Das war damals so, und ist heute nicht anders. Eine harmonische Gemeinschaft ist – ob in der Kirche oder woanders – weitgehend eine Illusion. Es kommt also nicht auf Harmonie an. Es kommt darauf an, dass wir gemeinsam Gott loben und darin Hoffnung finden, egal wie dissonant, egal wie vielstimmig und spannungsreich dieses Lob Gottes ist.

Die Hoffnung, von der Paulus spricht, ist mit der menschlich-allzumenschlichen Hoffnung tief verwoben. Es gibt nicht die reine Hoffnung, die nie enttäuscht werden könnte. Das zu versprechen, wäre mehr als leichtsinnig, ja gefährlich.

Hoffnung bleibt Hoffnung, fühlt sich für Christen und Nichtchristen genauso an, richtet sich genauso auf die großen und kleinen Dinge des Lebens. In dem, was wir hoffen, unterscheiden wir uns nicht grundsätzlich von anderen Menschen.

Wir hoffen auf gute Schulnoten, auf nette Freunde und eine tragfähige Partnerschaft, auf einen Ausbildungs- oder Studienplatz, auf einen guten Abschluss und einen interessanten Arbeitsplatz, auf ein gutes Einkommen und eine bezahlbare Wohnung, auf nette Kinder und eine Familie, in der wir uns geborgen fühlen, auf anregende Urlaubsreisen und kulturelle Anregungen, auf gesunde Lebensmittel und gute medizinische Versorgung, auf ein Alter ohne Krankheit und einen Tod ohne Schmerzen, auf Frieden zwischen den Nationen und Gerechtigkeit für alle Menschen. Alles das sind Hoffnungen, die uns mit den meisten anderen Menschen verbinden.

Der Unterschied ist, dass wir hinter allem, was wir erhoffen, einen sehen, von dem wir das alles erhoffen, den „Gott der Hoffnung", der uns nicht nur seinen Segen, sondern sich selbst versprochen hat. Ob also alle unsere Wünsche in Erfüllung gehen, das weiß ich nicht. Schön wäre es, und ich möchte gewiss niemandem raten, seine Wünsche vorschnell an acta zu legen.

Und doch stimmt für mich der Satz Dietrich Bonhoeffers: „Es gibt erfülltes Leben trotz vieler unerfüllter Wünsche."[4] Man muss nicht im Gefängnis sitzen, um diesen Satz verstehen zu können. Unerfüllte Wünsche kennen wir wohl alle.

Bonhoeffer kann so reden, weil die Hoffnung eben nicht mit den unerfüllten Wünschen stirbt. Sie stirbt nicht mit ihnen, weil sie an eine andere Quelle gebunden ist: das Lob Gottes „mit einem Munde". Diese Hoffnung überlebt auch Enttäuschungen, weil sie sich immer wieder erneuert und ein Ziel hat, das wir nicht verfehlen werden: die Gemeinschaft mit dem „Gott der Hoffnung".

Auf dem Weg zu dieser Gemeinschaft mit Gott gehen aber durchaus Hoffnungen in Erfüllung – vielleicht manchmal anders als gedacht.

Die Hoffnung auf Gemeinschaft beispielsweise. Wo wir nicht bei uns selbst bleiben, bei unseren milieubedingten Vorlieben und Abneigungen und den kleinen Vorteilen, die wir uns davon erhoffen, da erleben wir Gemeinschaft, in der wir einander tatsächlich annehmen und geduldig ertragen.

Die Weihnachtsgottesdienste in diesem Jahr sind vielleicht die erstbeste Gelegenheit, einander in diesem Sinne anzunehmen. Wenn dann regelmäßige Kirchgänger auf jährliche Kirchgänger treffen, dann ist das ein hervorragender Anlass, nicht geringschätzig aufeinander herab zu blicken, sondern entschlossen und „mit einem Munde" den „Gott der Hoffnung" zu loben, damit sein Lob Gewicht bekommt in dieser Welt der enttäuschten Hoffnungen und wir selbst neue Hoffnung schöpfen.

Der Advent ist die Zeit, in der wir Christen das Hoffen lernen.

Eine hoffnungsvolle Geschichte möchte ich ihnen zum Schluss noch erzählen. Paulus hat versucht, der Hoffnung eine Bahn zu brechen in einer Zeit, in der die Wege von Judentum und Christentum sich trennten. Es folgten Jahrhunderte voller gegenseitiger Verurteilungen und Geringschätzung. Dabei war die christliche Seite mit der Macht im Bunde – mit katastrophalen Folgen für die Juden. Verfolgung und Ermordung gipfelten im 20. Jahrhundert.

Mühsam haben die Kirchen gelernt, dass der „Gott der Hoffnung" nicht ihnen gehört, sondern zuerst der Gott Israels war und ist und als solcher auch der Vater Jesu Christi und unser Gott. Dies zu verstehen und nach einem neuen Verhältnis zwischen Juden und Christen zu suchen, bereitet uns immer noch viel Mühe. Und doch wird diese Mühe gesehen.

Trotz aller erlittenen Verletzungen und trotz aller bleibenden Unterschiede veröffentlichten jüdische Gelehrte im Jahr 2000 eine Erklärung, in der es heisst:

„Obgleich Gerechtigkeit und Frieden letztlich in Gottes Hand liegen, werden unsere gemeinsamen Anstrengungen ... helfen, das Königreich Gottes, auf das wir hoffen und nach dem wir uns sehnen, herbei zu führen. Getrennt und vereint müssen wir daran arbeiten, unserer Welt Gerechtigkeit und Frieden zu bringen."[5]

Die Spur der Hoffnung in der Welt wird wieder breiter. Lasst uns entschlossen auf ihr gehen.

4. Gottes Ja

2. Korinther 1,18-22

18 Gott ist mein Zeuge, dass unser Wort an euch nicht Ja und Nein zugleich ist. 19 Denn der Sohn Gottes, Jesus Christus, der unter euch durch uns gepredigt worden ist, durch mich und Silvanus und Timotheus, der war nicht Ja und Nein, sondern es war Ja in ihm. 20 Denn auf alle Gottesverheißungen ist in ihm das Ja; darum sprechen wir auch durch ihn das Amen, Gott zum Lobe. 21 Gott ist's aber, der uns fest macht samt euch in Christus und uns gesalbt 22 und versiegelt und in unsre Herzen als Unterpfand den Geist gegeben hat. (Lutherbibel 1984)

A JA JA JA JA, NEE NEE NEE NEE NEE.

Ganze 64 Minuten dauert die Aufnahme, auf der Joseph Beuys im Jahr 1968, damals Professor an der Kunstakademie Düsseldorf, immer wieder nur diese zwei Worte sagt.

Das Stück, am Anfang lustig und amüsant, Beuys spricht mit deutlich rheinischen Akzent, erhält nach einiger Zeit eine große Intensität. Es entsteht ein Klangraum, eine akustische Skulptur. Die Idee dazu, so erzählte Beuys später, sei ihm bei einer Beerdigung am Niederrhein gekommen. Beim Beerdigungskaffee hätten lauter alte Frauen um den Tisch gesessen und immer den gleichen Sermon pausenlos und stundenlang gemurmelt.

A JA JA JA JA, NEE NEE NEE NEE NEE.

Wenn man Joseph Beuys so zuhört, wie er da so vor sich hin murmelt, wenn man in diesen Klangraum eintaucht, dann fühlt man sich mit der Zeit selbst ganz zweideutig.

Da sage noch einer, Kunst sei harmlos!

Vielleicht ist dieser Klangraum aber auch nur die Resonanz auf die Zweideutigkeit, die uns tagtäglich umgibt. Zweideutigkeit, das entschiedene Ja und Nein, ist ein Zeichen unserer Zeit.

Wem kann man denn eigentlich noch glauben?

Nach Plagiatsaffären und Dementis, nach abrupten Kurswechseln und Rücktritten?

Wessen Wort ist denn nicht zugleich ein Ja und Nein?

Manche Politiker, rhetorisch geschult bis in die Haarspitzen, beherrschen die Kunst der zweideutigen Rede. Reden, ohne sich festzulegen. Etwas sagen, ohne dabei behaftet werden zu können. Was geht mich mein Geschwätz von vor drei Monaten an. Schließlich hat jeder das Recht, etwas dazu zu lernen.

Aber auch Paare beherrschen diese Kunst nahezu perfekt.

Er: Die Suppe ist nach einem ganz neuen Rezept. Schmeckt sie dir?

Sie: Schmeckt interessant!

Die Sehnsucht nach Menschen, die eindeutig und verlässlich sind, ist groß. Die Sehnsucht nach Menschen, die sagen, was sie tun, und tun, was sie sagen, deren Ja ein Ja und deren Nein ein Nein ist.

Verlässlichkeit und Vertrauenswürdigkeit sind knappe Güter unter uns Menschen.

Paulus beschwört es geradezu: „Gott ist mein Zeuge, dass unser Wort an euch nicht Ja und Nein zugleich ist." (V. 18) Der Apostel steht mit dem Rücken zur Wand. Eigentlich hatte er angekündigt, die Gemeinde in Korinth zu besuchen. Doch aus dem Besuch wurde nichts, und nun sind die Korinther enttäuscht. Sie bezichtigen Paulus des Wortbruchs und der Untreue.

Doch Paulus ist nicht um eine Erklärung verlegen. Bei einem Besuch hätte der Apostel der Gemeinde einiges Kritische ins Stammbuch zu schreiben gehabt. Da sei es wohl für beide Seiten besser gewesen, auf diesen Besuch zu verzichten, erklärt er den Korinthern kurzerhand. Mit seinem unnachahmlichen Hang zum Grundsätzlichen legt er dann aber nach.

Paulus und seine beiden Mitarbeiter Silvanus und Timotheus sind verlässlich und vertrauenswürdig, weil die Botschaft, die sie nach Korinth gebracht haben, verlässlich und vertrauenswürdig ist.

Die Vertrauenswürdigkeit der Person entscheidet sich an ihrer Botschaft, nicht daran, ob andere an ihrem Verhalten Anstoß nehmen.

So jedenfalls verstehe ich Paulus, wenn er schreibt: „Der Sohn Gottes, Jesus Christus, der unter euch durch uns gepredigt worden ist, …, der war nicht Ja und Nein, sondern es war Ja in ihm." (V. 19) Paulus baut darauf, dass die Menschen in Korinth die Verbundenheit durch die Botschaft, die er und seine Missionarskollegen gebracht haben, höher bewerten als ihre Enttäuschung und ihren Ärger.

Ob die Argumentation des Paulus damals überzeugt hat, darüber können wir nur mutmaßen. Umsonst waren seine Argumente aber nicht. Denn in ihrem Zusammenhang schrieb Paulus einen der, wie ich finde, schönsten Sätze seiner Briefe: „Auf alle Gottesverheißungen ist in ihm", in Jesus Christus, „das Ja; darum sprechen wir auch durch ihn das Amen, Gott zum Lobe." (V. 20)

Diesen Satz möchte ich durchbuchstabieren.

Die Advents- und Weihnachtszeit stand in der Vergangenheit in unserer Kirche unter dem Leitstern von „Verheißung" und „Erfüllung". Im Advent erinnern wir uns an die Verheißung von Gottes Kommen. Die Propheten kündigen die Geburt des Retters an, und Weihnachten kommt er dann, der versprochene Retter.

Verheißung erfüllt, Erwartung abgehakt.

 So hat man in der Vergangenheit die Bibel verstanden.

Viele Kirchenlieder beispielsweise legen dieses Verständnis nahe:

„Herr, der du Mensch geboren wirst,
Immanuel und Friedefürst,
auf den die Väter hoffend sahn,
dich, Gott, Messias, bet ich an." (EG 42,5)

Ich kann diese Liedstrophe gut singen und sagen,
wenn ich sie von Paulus her verstehe. Die Hoffnung der Väter erfüllt sich in der Geburt des Messias, in der Geburt Jesu. Doch diese Geburt ist
nicht einfach das Häkchen hinter der Verheißung.
Erwartung abgehakt, weitere Hoffnung vertagt, das
wäre fatal. Paulus schreibt:

Jesus Christus ist das Ja auf alle Gottesverheißungen.

Jesus Christus bestätigt die Verheißungen Gottes.

Jesus Christus setzt die Verheißungen Gottes erst
recht in Kraft, für alle Menschen zu allen Zeiten
und an allen Ort der Erde.

Nichts, was Gott je verheißen hat, ist hinfällig
durch die Geburt Jesu.

Alles, was Gott je verheißen hat, ist vielmehr be-
kräftigt durch die Geburt Jesu.

Jede Erfüllung, die wir erleben, setzt neue Verheißung frei.

Mit allem, was Gott wirkt in der Welt verspricht
Gott uns Zukunft.

Darum richtet sich die Hoffnung auch heute und in
Zukunft auf Gott. Die Geschichte der Erwartun-

gen wird weiter geschrieben, auch nach diesem Advent.

Und doch ist bereits etwas da. Paulus beschreibt es so:

„Gott ist's aber, der uns fest macht samt euch in Christus und uns gesalbt und versiegelt und in unsere Herzen als Unterpfand den Geist gegeben hat." (V. 21 f.)

Die Wenigsten, die heute ein Auto kaufen, gehen mit der großen Plastiktüte voller Scheine zum Händler und bezahlen bar. Allgemein üblich ist die Finanzierung der Anschaffung: Anzahlung plus Monatsraten und am Ende eine Schlusszahlung. Die Anzahlung sichert den Vertrag ab. Der Händler weiß: Hat der Kunde einmal gezahlt, dann wird er auch wieder zahlen.

Eine solche Anzahlung gibt Gott uns mit seinem Heiligen Geist, den er „in unsere Herzen" gegeben hat, wie Paulus es ausdrückt.

Dieser Heilige Geist, der legt dieses Ja Gottes in unsere Herzen hinein, in ihr Herz und in mein Herz.

Jesus Christus ist das Ja Gottes zu allen seinen Verheißungen.

Jesus Christus ist das große Ja zu ihrem und zu meinem Leben.

Wenn wir als Kinder zur Welt kommen, dann vertrauen wir instinktiv auf dieses Ja. Wir haben gar keine andere Wahl, als darauf zu vertrauen, denn ohne Vertrauen könnten wir nicht leben. Und dieses Vertrauen wird auch immer wieder gerechtfertigt und gestärkt. Mit jeder Mahlzeit, die unsere Eltern uns gegeben haben, wuchs dieses Vertrauen in das Leben und in die Welt. Doch irgendwann machten wir auch andere Erfahrungen. Die Ja Ja- und Nein Nein-Erfahrungen.

Menschen, die ihre Versprechen brechen, die unser Vertrauen missbrauchen.

Menschen, die immerzu Ja sagen und doch ein Nein leben. Oder noch schlimmer:

Menschen, die Nein zu uns sagen und das auch so meinen.

Menschen, die uns verletzen, indem sie uns missachten, unsere Art und unser Leben.

Gegen all diese Erfahrungen und gegen diese Stimmen spricht Gott sein großes Ja in unserem Herzen. Manchmal sind diese anderen Erfahrungen so prägend, diese anderen Stimmen so laut, dass Gottes Ja in unserem Herzen darunter zu verstummen droht.

Dann braucht es viel Geduld und eine große Stille, um dieses Ja Gottes wieder hören zu können. Manch einer muss sich lange zurückziehen, buchstäblich in die Wüste gehen, um dieses Ja Gottes wieder zu hören:

Ja, du bist mein geliebtes Kind.

Ja, du bist gut, wie du bist.

Ja, du bist mein Ein und Alles heute und in Ewigkeit.

Ja, ich hüte dich wie meinen Augapfel.

Wie dieses Ja in ihrem Herzen klingt, das weiß ich nicht. Vielleicht sind es ganz andere Sätze. Aber es ist da. Vertrauen sie darauf.

Dieses Ja ist eine Erfahrung, die jeder Mensch machen kann, nicht nur die Christen.

In der Kirche haben wir für dieses Ja Gottes zu uns sogar eine Form gefunden. Diese Form ist die Taufe. Wir alle, die wir getauft sind, sind mit diesem Ja Gottes unwiderruflich verbunden. Die Taufe ist das Siegel auf diesem Ja Gottes. Und alles, was uns zu tun bleibt, ist, auf dieses Ja Gottes unser Amen zu sprechen.

Danke, Gott, für dein Ja.

Ich bin geliebt, so soll es sein.

Wo wir dieses Ja Gottes zu uns hören und unser Amen dazu sprechen, da werden wir selbst zu einem Ja für die Menschen, auch wenn das noch lange nicht heißt, dass wir zu allem Ja und Amen sagen.

Ich möchte schließen mit einem Gedicht des Berner Pfarrers und Schriftstellers Kurt Marti, das für

mich wie eine Meditationshilfe ist, wie ein Weg
zum großen Ja.

„ich wurde nicht gefragt
bei meiner geburt
und die mich gebar
wurde auch nicht gefragt
bei ihrer geburt
niemand wurde gefragt
ausser dem Einen
und der sagte
ja.“[6]

5. Es gibt Alternativen

Jesaja 7,10-14

10 Und der HERR redete abermals zu Ahas und sprach: 11 Fordere dir ein Zeichen vom HERRN, deinem Gott, es sei drunten in der Tiefe oder droben in der Höhe! 12 Aber Ahas sprach: Ich will's nicht fordern, damit ich den HERRN nicht versuche. 13 Da sprach Jesaja: Wohlan, so hört, ihr vom Hause David: Ist's euch zu wenig, dass ihr Menschen müde macht? Müsst ihr auch meinen Gott müde machen? 14 Darum wird euch der HERR selbst ein Zeichen geben: Siehe, eine Jungfrau ist schwanger und wird einen Sohn gebären, den wird sie nennen Immanuel. (Lutherbibel 1984)

„Euch ist heute der Heiland geboren, welcher ist Christus, der Herr, in der Stadt Davids." (Lk 2,11) So hat es der Engel den Hirten auf dem Feld verkündet. Und so haben wir es eben in der Weihnachtsgeschichte gehört.

Der Evangelist Lukas erzählt diese Geschichte in einfachen Worten. Scheinbar naiv ist da von Engeln und himmlischen Heerscharen die Rede. Scheinbar romantisch erzählt er von Hirten, die nachts ihre Herde hüten. Man sieht das Lagerfeuer förmlich vor sich.

In Wahrheit ist diese Geschichte alles andere als naiv. In Wahrheit zählen diese 21 Verse zu den am besten durchkomponierten Texten der Literatur überhaupt. Da ist nichts zufällig. Jeder ist an seinem Platz. Alles ist wohlüberlegt.

An seinem Platz ist der Heiland, der Retter, wie es eigentlich genauer heißen müsste. An seinem Platz in Bethlehem, der Stadt Davids. Beides, der Titel „Retter" und der Geburtsort „Bethlehem", verbinden dieses neugeborene Kind mit der Geschichte und den Hoffnungen des Volkes Israel. Der Heiland der Welt wird als Retter Israels geboren, wird geboren, lebt und stirbt als Mensch im jüdischen Volk.

„Das Heil kommt von den Juden" (Joh 4,22), so wird der Evangelist Johannes diesen Umstand später auf den Punkt bringen.

Tauchen wir also noch einmal ein in die Geschichte und in die Hoffnungen des Volkes Israel, aus dem der Heiland der Welt kommt.

Einer, der in die Geschichte des Volkes Israel gehört, ist der König Ahas. Ahas lebt im achten Jahrhundert vor Christus. Israel ist geteilt in ein Nord- und ein Südreich. Ahas ist König im Südreich. Ein großer Feind, das mächtige Reich der Assyrer, bedroht ganz Israel. Das Nordreich rüstet sich zum Kampf, sucht nach Bündnispartnern für eine Koalition gegen die Assyrer. Der König des Nordreichs kommt zu Ahas, dem König des Südreichs, und setzt ihn unter Druck:

Mach mit im Kampf gegen die Assyrer, werde Teil unserer Koalition.

Doch Ahas, der König des Südreichs lehnt ab. Und er hat Gründe dafür.

Er weiß genau: Gegen die Assyrer haben wir keine Chance, ganz egal, wie viele wir sind.

Ahas ist der politische Realist unter den Königen in Israel, der vernünftige; der berechnende; der rationale; der Sicherheitsfanatiker.

Und darum fasst Ahas einen Plan.

Er sagt sich: Wenn die Verhältnisse so sind, dass wir gegen die Assyrer keine Chance haben, wenn ein Krieg gegen Assyrien unweigerlich mit der Niederlage endet, mit Tod und Zerstörung, dann gibt es nur eine Rettung: die Flucht nach vorn. Vorsorglich will sich Ahas den Assyrern unterwerfen, sich ihnen kampflos ergeben.

Lieber abhängig von den Assyrern als König in einer zerstörten Stadt.

Ahas betreibt also „Realpolitik", und er setzt auf Sicherheit.

Am Ende aller Abwägungen von Kosten und Nutzen steht eine Entscheidung.

Eine Entscheidung, die er als die allein richtige darstellt.

Wir kennen das von unseren heutigen Politikerinnen und Politikern auch.

Sie benutzen dafür gerne das Wort „alternativlos".

Der Afghanistan-Einsatz – alternativlos.

Der Schuldenabbau – alternativlos.

Die Gesundheitsreform – alternativlos.

Der Ausbau des Frankfurter Flughafens – alternativlos.

Das Bahnprojekt Stuttgart 21 – alternativlos.

Das Banken-Rettungspaket – alternativlos.

Der Euro-Rettungsschirm – alternativlos.

Wer mit diesem Schlagwort die eigenen politischen Lösungen bezeichnet, der versucht zu manipulieren. Das Wort suggeriert, es gäbe bei einem Entscheidungsprozess von vornherein keine Alternativen, und es müsse auch überhaupt erst gar nicht diskutiert und argumentiert werden.

Es zeugt von prophetischer Weitsicht, dass die Gesellschaft für deutsche Sprache dieses Wort im vergangenen Januar zum Unwort des Jahres 2010 gekürt hat.

Denn es gibt im Leben immer Alternativen, und vor allem gibt es das Gespräch.

Das gilt in der großen Politik ebenso wie im privaten Leben.

Zu einem solchen Gespräch bittet der Prophet Jesaja den König Ahas.

Jesaja sagt Ahas: Fürchte dich nicht. Hab keine Angst, weder vor denen, die sich dir als Bündnispartner aufdrängen wollen, noch vor dem mächtigen Reich der Assyrer. Sie alle sind in Gottes Hand.

Darum vertrau auf Gott. Wenn du etwas Gutes für dich und dein Königreich tun willst, dann krieg deine Angst unter Kontrolle, lass dich nicht ins Bockshorn jagen.

Vergiss die selbsternannten Bündnispartner, vergiss die vorauseilende Unterwerfung unter die Assyrer, setze dein Vertrauen allein auf Gott, dann hast du eine Chance.

Was Jesaja dort macht, ist Politikberatung unter prophetischen Vorzeichen. Politikberatung, die hellsichtiger ist als alle Realpolitik. Denn Jesaja setzt in vermeintlich alternativloser Lage auf die Option Vertrauen. Er rät dem König, seine Handlungs-spielräume auszuloten. Setz dich doch erstmal hin, überleg doch erstmal in Ruhe, welche Möglichkei-ten du sonst noch hast. Hab' Vertrauen in Gottes Hilfe.

In diesem Sinne berät der Prophet den König und weiß doch zugleich, dass sich mit diesem Rat zum Vertrauen wahrscheinlich schwertun wird, eben weil sein Bedürfnis nach Sicherheit so groß ist.

Und Jesaja sollte recht behalten. Der König Ahas war nicht mehr in der Lage, sich auf die Option Vertrauen einzulassen. Und dies obwohl Gott selbst ihm ein Zeichen anbot:

„Fordere dir ein Zeichen vom Herrn, deinem Gott, es sei drunten in der Tiefe oder droben in der Hö-he!" (V. 11), so sprach Gott zu Ahas.

Doch Ahas hatte sich bereits anders entschieden. Auf Gott zu vertrauen, war keine reale Möglichkeit mehr für ihn. Und so erteilte er Gottes Angebot, ihm ein Zeichen zur Vergewisserung zu geben, die vielleicht originellste Absage, die man sich denken kann. Er belehrte Gott über das zweite Gebot und sprach:

„Ich will's nicht fordern, damit ich den Herrn nicht versuche." (V. 12)

Ahas will kein Zeichen und er will keine Handlungsspielräume mehr ausloten. Er will Sicherheit. Er will eine alternativlose Lösung. Er will seine Lösung, die seiner eigenen Taktik, seinem eigenen Geschick, seinem eigenen Kalkül entspringt. Er will eine Lösung, die Vertrauen überflüssig macht.

Denn Vertrauen bringt Ahas nicht mehr auf.

Sie können sich denken, die Geschichte mit Ahas ging nicht gut aus. Die Assyrer folgten seiner Einladung nur allzu gerne. Sie unterwarfen ganz Israel, das Nordreich und das Südreich. Sie brachten Jerusalem politische Unfreiheit und fremden Gottesdienst. Die Könige aus dem Haus David blieben schwache Figuren.

Was jedoch von dieser Episode aus der Geschichte des Volkes Israel geblieben ist, ist die Verheißung des Propheten Jesaja:

„Siehe, eine Jungfrau ist schwanger und wird einen Sohn gebären, den wird sie nennen Immanuel." (V. 14)

Da ist es, das Zeichen, das Ahas nicht haben wollte.

Da ist die Alternative zu seiner anlternativlosen Politik.

Gott gibt uns Zeichen, durchaus auch ungefragt!

Jesaja kündigte ein solches Zeichen an.

Es kommt ein Sohn, ein Nachfolger des Königs, der den Namen Immanuel trägt, das bedeutet „Gott mit uns". Wenn Ahas nicht mehr vertrauen kannt, dann wird ein anderer kommen, der wird Gott vertrauen. Und weil er Gott vertraut, wird Gott mit ihm sein – und mit uns. Ahas und Immanuel, diese beiden Namen stehen für gegensätzliche Haltungen im Leben:

das Bedürfnis nach absoluter Sicherheit gegen die Fähigkeit zum Vertrauen.

Ich muss gestehen: Ich kenne diese Momente auch aus meinem Leben.

Momente, in denen ich zwischen meinem Sicherheitsbedürfnis und der Fähigkeit zum Vertrauen hin und her gerissen bin.

Momente, in denen ich Entscheidungen, die ich getroffen habe, als gut und richtig absichern will.

Momente, in denen ich mir zurechtlege, warum das, was ich getan habe nur so richtig sein kann, „alternativlos" richtig eben.

Vielleicht ist das tatsächlich eines der größten Glaubenshindernisse unserer Tage, dass wir so Ahas-mäßig unmäßig auf Sicherheit bedacht sind.

Wir sind ja voll guten Willens.

Wir wollen ja die Dinge richtig machen.

Wir wollen ja verantwortlich leben.

Wir wollen ja am Ende gelobt werden für unsere Entscheidungen.

Darum ist unser Bedürfnis so groß, unser Leben im Vorhinein abzusichern. Nicht nur die eine oder andere Entscheidung abzusichern, sondern unser Leben als Ganzes abzusichern.

Das betrifft vor allem unsere Handlungen.

Wer kann sich denn heutzutage schon noch Fehler leisten?

Es kommt ja längst nicht mehr nur derjenige in die Bredouille, der den falschen Kreditgeber für sein Privathaus wählt, sondern schon diejenige, die einen gefundenen Pfandbon über 1,30 Euro für sich einlöst.

Es ist ein Kennzeichen unserer modernen Lebenswirklichkeit ist, dass wir uns ständig gegenseitig vor ein Tribunal zerren.

Das Jüngste Gericht haben wir abgeschafft, der Richterstuhl Christi ist leer, aber unser Leben findet vor einem umso gnadenloseren Forum statt. Vor einem Forum, auf dem wir füreinander in wechselnder Besetzung Ankläger, Richter und Angeklagte sind.[7]

Da wundere sich noch einer, dass unser Sicherheitsbedürfnis alles in den Schatten stellt! Ahas ist längst zu einer Figur unseres Alltags geworden.

Genau darum ist es rettend und heilsam, dass auch das Kind in der Krippe zu einer Figur unseres Alltags wird. Jesus Christus ist Gottes Zeichen für uns.

Das Zeichen, dass Vertrauen in Gott heute möglich ist.

Das Zeichen, nach dem wir nicht gefragt haben, und das uns doch gegeben wird – zu unserer Rettung.

Denn dieser eine Mensch hat es vorgemacht:

Eine andere Welt ist möglich, Vertrauen ist möglich.

Jesus hat im Vertrauen auf Gott gelebt und gewirkt, und er ist in diesem Vertrauen gestorben.

Und Gott hat dieses Vertrauen gerechtfertigt, indem er ihn von den Toten auferweckt hat.

Darum feiern wir heute Nacht seine Geburt.

Darum nennen wir diese Nacht die Heilige Nacht.

Mit der Geburt dieses Kindes ist eine andere Welt möglich geworden.

Die Welt der rettenden Alternativen.

Die Welt der hilfreichen Zeichen, die Gott uns gibt.

Machen wir uns also auf den Weg – durch diese Nacht hindurch in eine neue Zeit.

Halten wir Ausschau nach den Zeichen, die Gott uns gibt.

Nach den Zeichen seiner Gegenwart in den Irrungen und Wirrungen unseres Lebens.

Nach den überraschenden Möglichkeiten, die uns im Leben zugespielt werden.

Nach dem Immanuel, dem Gott-mit-uns.

III. Kirche – Institution und Gemeinschaft

1. Die Familie Gottes

Markus 3,31-35

„Blut ist dicker als Wasser." Sie kennen sicherlich dieses Sprichwort. „Blut ist dicker als Wasser", das sagt man so, wenn man betonen möchte, wie eng verwandtschaftliche Beziehungen sind.

„Blut ist dicker als Wasser", dieses Sprichwort ging mir zuletzt durch den Kopf, als ich Enoch zu Guttenberg in einer Talkshow im Fernsehen sah. Enoch zu Guttenberg ist der Vater von Karl-Theodor zu Guttenberg, des ehemaligen Verteidigungsministers. In der Talkrunde wurde viel geredet über die Verfehlungen des Politikers. Wissenschaftler und Politiker, Experten und Journalisten ließen die Geschichte um den Rücktritt des Ministers Guttenberg Revue passieren. Dabei ging es viel um Moral und Anstand, um Recht und Unrecht. Schnell wurde deutlich, dass einer in der Runde von einer ganz anderen Voraussetzung her mitdiskutierte. Der Vater verteidigte seinen Sohn, und zwar

nicht im juristischen Sinne. Eine Doktorarbeit ab-
zuschreiben ist keine Lappalie, der Entzug des Ti-
tels traf den Sohn zu Recht. Aber die Beziehung
zwischen Vater und Sohn ist eine besondere, und
darum ist auch der Blick des Vaters auf den Sohn
ein anderer, ein Blick der Liebe, trotz aller Verfehlungen. Der Blick der Liebe sieht den Sohn, den
Menschen, nicht nur den Politiker und Plagiator.
„Blut ist dicker als Wasser.“

Eine biblische Geschichte, die dieses Sprichwort
und die damit verbundene Erfahrung in ein ganzes
neues Licht rückt, steht im Markusevangelium. Es
ist eine Geschichte über Jesu Verwandte, über seine
Mutter und seine Geschwister.

Sie steht im Markusevangelium im dritten Kapitel
(3,31-35):

*„Und es kamen seine Mutter und seine Brüder und standen
draußen, schickten zu ihm und ließen ihn rufen. Und das
Volk saß um ihn. Und sie sprachen zu ihm: Siehe, deine
Mutter und deine Brüder und deine Schwestern draußen
fragen nach dir. Und er antwortete ihnen und sprach: Wer
ist meine Mutter und meine Brüder? Und er sah ringsum
auf die, die um ihn im Kreise saßen, und sprach: Siehe, das
ist meine Mutter und das sind meine Brüder! Denn wer
Gottes Willen tut, der ist mein Bruder und meine Schwester
und meine Mutter.“* (Lutherbibel 1984)

„Blut ist dicker als Wasser.“ Dieses Sprichwort gilt
hier nicht. Jesus gibt in dieser kurzen Geschichte
seinen Jüngerinnen und Jüngern ganz klar den Vor-

92

zug vor seinen leiblichen Verwandten. Im Grunde ist diese kurze Episode um den einen Satz herum konstruiert: „Wer Gottes Willen tut, der ist mein Bruder und meine Schwester und meine Mutter", sagt Jesus. In diesem Satz steckt sozialer Sprengstoff.

Nie werde ich eine Diskussion vergessen, die ich einmal mit einem Schulfreund geführt habe. Mit großer Lust am Zuspitzen und schultypischer Wortwahl meinte mein Freund: „Der Jesus war doch asozial!" Wie anders könnte er einfach seine Mutter und seine Geschwister vor der Tür stehen lassen, wenn die ihn rufen. Vermutlich habe ich damals versucht, Verständnis für Jesus zu wecken. Vermutlich habe ich darauf hingewiesen, dass Jesus als Lehrer und Heiler, als Messias und Sohn Gottes einfach anderes zu tun gehabt habe, als jederzeit und auf Zuruf für seine Mutter da zu sein. Berühmte Männer sind eben vielbeschäftigt, so lautete wahrscheinlich damals meine gut gemeinte Verteidigungslinie. Doch ganz so einfach liegen die Dinge nicht. „Wer Gottes Willen tut, der ist mein Bruder und meine Schwester und meine Mutter", sagt Jesus. In diesem Satz steckt tatsächlich sozialer Sprengstoff.

Zurzeit Jesu war nämlich die Familie, als Kernfamilie wie als Sippe, so etwas wie eine vorstaatliche Ordnungsmacht. Rechtliche Bedingungen des Lebens, die heutzutage auf höheren Ebenen unserer Gesellschaft geregelt werden, von der Krankenkasse oder der Sozialversicherung, die waren damals auf Familienebene verankert. Lange Zeit hat man gedacht, der Grund für den Besuch von Jesu Mutter und Geschwistern sei womöglich der Tod seines Vaters Josef gewesen. In diesem Falle nämlich hätte Jesus nach Nazareth zurückkehren und sich um seine Familie kümmern müssen. Da wäre es vorbei gewesen mit dem Leben als Wanderprediger. Ob das so stimmt, wissen wir nicht. Aber es zeigt: Wer damals die Familie verleugnete, der handelte nicht einfach nur ungehörig, sondern geradezu kriminiell, der störte die soziale Ordnung.

Auch heute brechen Menschen immer wieder mit ihren Herkunftsfamilien, aus den unterschiedlichsten Gründen. Die Bürgersöhne und –töchter, die in den 70er und 80er Jahren die Rote Armee Fraktion bildeten und die Republik terrorisierten, tauschten ihre Herkunftsfamilien regelrecht aus gegen neue Familienbande, gegen Gruppenbindungen von noch stärkerer Kraft, als Vater, Mutter und Geschwister sie normalerweise bewirken. Manchmal gibt es gute Gründe dafür, zur eigenen Familie auf Distanz zu gehen, und sei es auch nur auf Zeit. Die Familie ist ja nicht automatisch eine heile Welt, sondern bisweilen auch ein Abgrund, in dem krankmachende Beziehungen herrschen. Familien können Orte seelischer Grausamkeit und körperlicher Misshandlung sein, nicht zuletzt auch Orte des sexuellen Missbrauchs. Wir sollten uns also davor hüten, die Familie als Lebensform pauschal zu verherrlichen. Trotzdem greift Jesus auf das Bild der Familie zurück.

Bei aller Kürze ist die Geschichte von Jesus und seinen Verwandten so etwas wie eine Gründungsurkunde der Kirche. „Wer Gottes Willen tut, der ist mein Bruder und meine Schwester und meine Mutter." Die Kirche ist die Familie Gottes. Eine Familie, in der wir versuchen, nach Gottes Willen zu leben. Eine Familie, in der wir das Evangelium von Jesus Christus hören und ihm nachfolgen. Die Familie ist deshalb ein so starkes Bild für die Kirche, weil die Kirche und die Familie eines gemeinsam haben: Wir suchen uns ihre Mitglieder nicht selbst aus. Meine Freunde kann ich mir aussuchen, meine Familie nicht, auch nicht die Familie Gottes. So ist es auch in unserer Gemeinde. Die unterschiedlichsten Leute kommen zusammen. Wir nennen uns zwar heute meist nur noch leicht ironisch Schwester und Bruder in der Kirche, aber wir sind es. Und man muss sich da nicht einmal besonders mögen. Wir gehören dennoch zusammen.

Vielleicht ist das eines der naheliegenden Missverständnisse, wenn man die Kirche im Bild der Familie beschreibt. Ich meine das Missverständnis, wir müssten uns alle ganz doll liebhaben und vor allem immer einer Meinung sein in der Kirche, es müsste jederzeit harmonisch zugehen bei uns. Doch darauf kommt es nicht an. Es kommt nicht darauf an, möglichst viel Wohlgefühl zu erzeugen, sich distanzlos zu bedrängen oder emotional zudringlich zu werden. Kirche sollte nicht auf billige Effekte und unangenehme Gefühlsduselei setzen. Wir dürfen auch als Schwestern und Brüder im Glauben Individuen bleiben. Einzelne, die sich nicht gleichschalten lassen, sondern auf ihre eigene, individuelle Weise auf Gott ausgerichtet sind. Und weil wir auf Gott ausgerichtet sind, sind wir dann auch Teil einer Gemeinschaft. Die Familie Gottes marschiert nicht im Gleichschritt. Wir sind keine Uniformträger. Und ob wir uns zu Recht Brüder und Schwestern nennen, so unterschiedlich wir nun einmal alle sind, das hängt darab, ob wir den Willen Gottes suchen.

Vielleicht ist das neue Bild für die Kirche heute nicht mehr die Familie im klassischen Sinne, jedenfalls nicht die bürgerliche Familie mit Vater, Mutter und statistisch anderthalb Kindern. Ich finde es erschreckend, wenn Alleinerziehende ihr Kinder nicht mehr taufen lassen, weil sie fürchten, im Gemeindegottesdienst als mangelhaft, als defizitär angesehen zu werden. Vielleicht wäre ein Leitbild für die Kirche der Zukunft die Patchwork-Familie. Ein Flickenteppich aus Menschen mit verschiedenster Herkunt, mit verschiedensten Lebensgeschichten, mit einer großen Breite an Meinungen und Überzeugungen.

Eine Familie, vereint darin, dass sie Gottes Willen für diese Welt sucht und tut.

„Blut ist dicker als Wasser?" – Für das Taufwasser würde das dann nicht mehr gelten.

2. Mut und Realismus

Lukas 16,1-8

1 Er sprach aber auch zu den Jüngern: Es war ein reicher Mann, der hatte einen Verwalter; der wurde bei ihm beschuldigt, er verschleudere ihm seinen Besitz. 2 Und er ließ ihn rufen und sprach zu ihm: Was höre ich da von dir? Gib Rechenschaft über deine Verwaltung; denn du kannst hinfort nicht Verwalter sein. 3 Der Verwalter sprach bei sich selbst: Was soll ich tun? Mein Herr nimmt mir das Amt; graben kann ich nicht, auch schäme ich mich zu betteln. 4 Ich weiß, was ich tun will, damit sie mich in ihre Häuser aufnehmen, wenn ich von dem Amt abgesetzt werde. 5 Und er rief zu sich die Schuldner seines Herrn, einen jeden für sich, und fragte den ersten: Wie viel bist du meinem Herrn schuldig? 6 Er sprach: Hundert Eimer Öl. Und er sprach zu ihm: Nimm deinen Schuldschein, setz dich hin und schreib flugs fünfzig. 7 Danach fragte er den zweiten: Du aber, wie viel bist du schuldig? Er sprach: Hundert Sack Weizen. Und er sprach zu ihm: Nimm deinen Schuldschein und schreib achtzig. 8 Und der Herr lobte den ungetreuen Verwalter, weil er klug gehandelt hatte; denn die Kinder dieser Welt sind unter ihresgleichen klüger als die Kinder des Lichts. (Lutherbibel 1984)

Zwei ältere Herren sitzen auf der Rückbank einer großen, dunklen Limousine. Ihr Inneres ist vom Blitz einer Kamera hell erleuchtet. Der eine von beiden grüßt müde in Richtung der wartenden

Journalisten, während der Wagen schnell davonfährt. Für mich ist dies das Bild der vergangenen Woche. Die beiden Männer sind Giorgio Napolitano, der italienische Staatspräsident, und Silvio Berlusconi, italienischer Ministerpräsident. Jahrelang konnte Berlusconi sich trotz zahlreicher Verfehlungen und Skandale an der Macht halten. Er erließ Gesetze, die nur dem einen Zweck dienten, ihn vor Strafverfolgung zu schützen. Er sei „ein Modellfall an Korruption", sagte kürzlich ein Philosophieprofessor über Berlusconi.[1] Gestern Abend um 21.00 Uhr ist er nun also unter dem Druck der internationalen Finanzkrise zurückgetreten. Ein „Weiter so wie bisher" war nicht mehr möglich.

Ein skandalumwitterter Ministerpräsident in der Presse, ein unehrlicher Verwalter in der Gleichniserzählung Jesu, in beiden Geschichten sind Amtsträger am Ende, an einen Punkt, über den hinaus es nicht mehr so weiter geht. In beiden Fällen tragen Glaubwürdigkeitsprobleme zum Rücktritt bei. Einem Politiker, der mehr mit persönlichen Eskapaden im Rampenlicht steht als mit seiner Politik, trauen die allmächtigen Finanzmärkte nicht mehr die Lösung der drängenden Probleme zu. Ein Verwalter, der den Besitz seines Herrn verschleudert anstatt ihn klug zu mehren, der kann nicht mehr Verwalter sein. Beide sind am Ende und müssen sich etwas Neues einfallen lassen.

Was Silvio Berlusconi sich Neues einfallen lässt, das wird sich zeigen. Was sich der unehrliche Verwalter im Gleichnis einfallen ließ, das steht im Text.

„Der Verwalter sprach bei sich selbst: ‚Was soll ich tun? Mein Herr nimmt mir das Amt; graben kann ich nicht, auch schäme ich mich zu betteln. Ich weiß, was ich tun will, damit sie mich in ihre Häuser aufnehmen, wenn ich von dem Amt abgesetzt werde'. Und er rief zu sich die Schuldner seines Herrn, einen jeden für sich, und fragte den ersten: ‚Wieviel bist du meinem Herrn schuldig?' Er sprach: ‚Hundert Eimer Öl.' Und er sprach zu ihm: ‚Nimm deinen Schuldschein, setz dich hin und schreib flugs fünfzig.'“[2]

Der Verwalter, aufgefordert, Rechenschaft über sein Handeln abzulegen, handelt nun erst recht alles andere als rechtschaffen. Eigenmächtig reduziert er die Schulden der Schuldner seines Herrn und betrügt diesen nun erst recht. Er erweist sich einmal mehr als unehrlich und verspricht sich davon Vorteile bei den Geschäftspartnern seines Arbeitgebers. Mit allen Mitteln, auch mit unlauteren, arbeitet er an seinem Netzwerk, baut er seine eigenen geschäftlichen Kontakte auf, die ihm die Zukunft sichern sollen. Dabei ist eines klar: Redliche Arbeit kommt für ihn nicht in Frage, denn „graben kann ich nicht", so spricht er zu sich selbst.

Es mutet skandalös an, dass Jesus diesen unehrlichen Verwalter, diesen Menschen mit einem schier unerschöpflichen Vorrat an mehr oder minder seriösen Geschäftsideen ausdrücklich lobt, weil er klug gehandelt habe, „denn", so Jesus, „die Kinder dieser Welt sind unter ihresgleichen klüger als die Kinder des Lichts"[3].

Was sollen wir damit anfangen?

Es wäre wohl zu harmlos, dieses Gleichnis einfach als ein Lob der Schlitzohrigkeit zu lesen. Ja, es stimmt. Die Bibel ist voller Filous, die sich manches einfallen lassen, um mit dem Leben zurecht zu kommen. Aber spätestens dort, wo Schlitzohrigkeit in Korruption und Betrug umschlägt, da können wir uns nicht auf Jesus berufen. So hat denn wohl das Lob des unehrlichen Verwalters einen anderen Grund.

Der Verwalter ist durch und durch Realist. Er stellt sich der Tatsache, dass er nicht mehr Verwalter sein wird, dass es nicht mehr weitergeht wie bisher, dass er sich auf eine neue Zeit vorbereiten muss, auf eine Zeit, die jetzt schon angebrochen ist. Jetzt muss er handeln, nicht erst in einigen Tagen oder Wochen. Jetzt sofort geht es um die Frage, wer er in Zukunft sein will. Also handelt er! Und er geht dabei durchaus differenziert, er geht in kleinen, wohlüberlegten Schritten vor. Ich möchte nicht „graben", also mit eigener Hände Arbeit meinen Lebensunterhalt verdienen, ich möchte aber auch nicht betteln, möchte mich nicht in das Heer der Armen einreihen. Weil der Verwalter durch und durch Realist ist, weil er weiß, wann es Zeit ist zu handeln, darum lobt ihn Jesus. In seinem Realismus erweist sich der Betrüger als Vorbild, in seinem Realismus und in seiner Fähigkeit, die Zeichen der Zeit zu lesen und danach zu handeln.

Wer will ich sein angesichts der Tatsache, dass ich der, der ich bin, nicht werde bleiben können?

Das ist die Frage, vor die uns der Verwalter stellt.

Wer will ich sein angesichts der Tatsache, dass ich der, der ich bin, nicht werde bleiben können?

Das ist die Frage, die Jesus, der dieses Gleichnis erzählt, uns stellt.

Heute, am Volkstrauertag, erinnern wir uns daran, dass viele Menschen in unserem Land diese Frage im Angesicht von eigener Schuld und eigenem Verbrechen, aber auch im Angesicht von unsäglichem Leid, eigenem und fremdem Leid, gestellt haben. Wer will ich sein? Wer wollen wir sein nach Gewaltherrschaft und Krieg? Eine Antwort auf diese Frage lautete: Von deutschem Boden soll nie wieder Krieg ausgehen. Wir wollen ein Volk unter Völkern sein. Wir wollen eine Nation in einem vereinigten Europa sein. Das waren gute Antworten, die sich bewährt haben, weil sie für lange Zeit Frieden und sozialen Ausgleich gebracht haben. Und doch bleibt es eine Aufgabe, die Antworten von gestern immer wieder neu zu verantworten, die Frage immer wieder neu zu beantworten: Wer wollen wir sein, da wir die, die wir sind, nicht werden bleiben können? Wir können keine Europäische Union mehr sein, die gefälschte Haushaltsbilanzen ihrer Mitgliedsstaaten duldet. Soviel ist klar. Die Frage, wer wir sein wollen als Deutsche in Europa und als Europäische Union, das bleibt eine Frage, die uns alle angeht, das bleibt ein gemeinsames Projekt der Menschen. Ein Projekt, das wir nicht delegieren können an „die Politiker" in Straßburg oder Brüssel.

Europa muss vom Objekt der Banker wieder zum Projekt der Bürger werden!

Der Horizont von Jesu Gleichnis überschreitet allerdings jeden politischen Rahmen. Der Horizont von Jesu Gleichnis ist Gottes Reich, das zu uns Menschen kommt.

Es ist Gottes Reich, das anbricht und dadurch Veränderungen anstößt in unserem Leben. Veränderungen, die uns aus liebgewordenen Gewohnheiten herausreißen und die uns dadurch Freiräume zum Leben eröffnen. Chancen zum Leben im Hier und Jetzt, die wir ergreifen dürfen, wie der Verwalter im Gleichnis. Gottes Reich bricht an. Seien wir realistisch, indem wir uns auf seine Möglichkeiten einstellen und sie ergreifen.

Ein zeitgenössischer Text, der für mich etwas widerspiegelt von diesem Reich-Gottes-Realismus stammt von Marianne Williamson, einer Autorin aus den Vereinigten Staaten.

Er trägt den Titel „Unsere tiefste Angst".

„Unsere tiefste Angst ist nicht,
dass wir unzulänglich sind.
Unsere tiefste Angst ist,
dass wir grenzenlos mächtig sind.

Es ist unser Licht, nicht unsere Dunkelheit,
was uns am meisten Angst macht.

Wir fragen uns:
Wer bin ich, so brillant zu sein, prächtig, talentiert,
fabelhaft?
Doch wer bist du, um dies nicht zu sein?

Du bist ein Kind Gottes.
Dich klein zu machen, dient der Welt nicht.

Es gibt nichts Erleuchtetes daran,
dich so klein zu machen,
damit die Leute um dich herum
sich nicht unsicher fühlen müssen.

Wir sind geboren, um die Größe Gottes,
der in uns ist, zu verwirklichen.
Diese Größe ist nicht nur in einigen von uns,
sie ist in jedem Menschen!
Und wenn wir unser Licht scheinen lassen,
geben wir anderen Menschen die Erlaubnis, dasselbe zu tun.

So wie wir befreit sind von unserer eigenen Furcht,
so befreit unsere Gegenwart automatisch Andere."[4]

Nelson Mandela, einer der führenden Anti-Apartheid-Kämpfer Südafrikas und erste schwarze Präsident des Landes, hat diesen Text in seiner Antrittsrede im Jahr 1994 zitiert. Und er wusste, warum er das tat. Denn er sprach zu Menschen, die über Jahrzehnte in zu engen Grenzen gelebt hatten, innerlich wie äußerlich. Menschen, die gering von sich dachten, weil sie von anderen geringschätzig behandelt worden waren. Ihnen rief er damit zu: Lasst euer Licht leuchten, hier und jetzt!

Gottes Reich befreit von Angst, auch von der Angst vor der eigenen Stärke. Wir sind berufen, Kinder Gottes, Kinder des Lichts zu sein, die sich ihrer Berufung und Gaben nicht schämen, die ihr Licht nicht unter den Scheffel stellen, die nicht hinter ihren Möglichkeiten zurück bleiben sollen.

Die Möglichkeiten, die wir haben, zu nutzen, die Freiräume, die das Reich Gottes uns in die Hände spielt, zu ergreifen, verantwortlich und ohne Angst, darum geht es.

Darum geht es auch für uns als Kirche in den praktischen Fragen, die wir zu bedenken haben. Die Synode der Evangelischen Kirche in Deutschland, deren Tagung in der vergangenen Woche zu Ende gegangen ist, ruft uns Christinnen und Christen dazu auf, uns nicht nur mit der Verwaltung kirchlicher Mangelerscheinungen zu beschäftigen, sondern uns erneut zu vergewissern, was es bedeutet, sich heute in die Bewegung Gottes zum Menschen mit hineinnehmen zu lassen, in Gottes Reich aufzubrechen. Dazu gehört auch, dass wir bisweilen unsere Betriebsamkeit unterbrechen, dass wir uns neu besinnen und konzentrieren auf das, wozu uns Gott beruft. Gott segnet nicht nur unser Tun, sondern auch unser Lassen. Selbstveränderung und Selbstbegrenzung, die sich am Reich Gottes orientieren, werden zum Glaubenszeugnis für andere.

Wer wollen wir sein, da wir die, die wir sind, nicht werden bleiben können? Wir brauchen den Mut und die Kühnheit des unehrlichen Verwalters, wenn wir in Gottes Reich aufbrechen. Mut zur Veränderung, Mut zur Begrenzung, Mut zum Handeln.

3. Lebendige Gemeinde

Offenbarung 3,1-6

1 Und dem Engel der Gemeinde in Sardes schreibe: Das sagt, der die sieben Geister Gottes hat und die sieben Sterne: Ich kenne deine Werke: Du hast den Namen, dass du lebst, und bist tot. 2 Werde wach und stärke das andre, das sterben will, denn ich habe deine Werke nicht als vollkommen befunden vor meinem Gott. 3 So denke nun daran, wie du empfangen und gehört hast, und halte es fest und tue Buße! Wenn du aber nicht wachen wirst, werde ich kommen wie ein Dieb und du wirst nicht wissen, zu welcher Stunde ich über dich kommen werde. 4 Aber du hast einige in Sardes, die ihre Kleider nicht besudelt haben; die werden mit mir einhergehen in weißen Kleidern, denn sie sind's wert. 5 Wer überwindet, der soll mit weißen Kleidern angetan werden, und ich werde seinen Namen nicht austilgen aus dem Buch des Lebens, und ich will seinen Namen bekennen vor meinem Vater und vor seinen Engeln. 6 Wer Ohren hat, der höre, was der Geist den Gemeinden sagt! (Lutherbibel 1984)

„Ich mache mir Sorgen", sagte Pep Guardiola, der Trainer des FC Bayern nach der 2:3-Niederlage gegen Manchester City am Dienstagabend, dem 6. Spieltag der Champions League. Zwar ist der FC Bayern Gruppensieger, aber in diesem Spiel hat sich der Triple-Sieger verwundbar gezeigt. Die Niederlage gegen Man City bleibt also zunächst folgenlos, aber sie gilt als Weckruf zur richtigen Zeit. „Eine Niederlage ist nie gut", sagte Guardiola weiter, „aber vielleicht braucht dieser Verein, der Trainer und die Mannschaft eine Niederlage, um zu wissen, wie schwierig es ist, die Spiele zu gewinnen."

Ein Weckruf zur richtigen Zeit erklingt auch in der Offenbarung des Johannes:

„Ich kenne deine Werke: Du hast den Namen, dass du lebst, und bist tot. Werde wach …, denn ich habe deine Werke nicht als vollkommen befunden vor meinem Gott", spricht der Geist Gottes zu uns.

Zugegeben, wir sind als Kirche und Gemeinde nicht ganz so erfolgsverwöhnt wie der FC Bayern. Dennoch fühlt sich dieser Weckruf wie eine empfindliche Niederlage an. Denn er trifft uns im Kern unseres Selbstverständnisses: Wir verstehen uns ja als „lebendige Gemeinde" und tun alles dafür, es auch tatsächlich zu sein. Da ist die Ansage „Du bist tot", du bist nicht, wofür du dich hältst, schon ein herber Rückschlag auf dem Punktekonto.

Doch wir wollen nicht empfindlich sein. Was Pep Guardiola recht ist, soll uns billig sein. Verschließen wir also unsere Ohren nicht und fragen stattdessen, ob denn etwas dran sein könnte an diesem Weckruf.

„Lebendige Gemeinde", das ist ein Idealbild, das vor allem die aktiven Kirchenmitglieder, die sich in Gruppen treffen, vor Augen hat.[5] In unserer Gemeinde gibt es viele Gruppen, die sehr unterschiedlich sind. Eine Gruppe ist weder von sich aus gut, noch ist sie per se problematisch. Will sie jedoch Teil der „lebendigen Gemeinde" sein, muss sie einen Beitrag leisten. Einen Beitrag, der auch nach außen hin ein klar wahrnehmbares christliches Profil aufweist. Eine Gruppe der „lebendigen Gemeinde" muss die Lebensführung ihrer Mitglieder im Sinne des Evangeliums prägen. Tut sie dies nicht, weil sie gar keinen Bezug zum Evangelium hat, oder weil sie ihre Aufgaben nur noch zum Schein erfüllt, ist sie kein Teil der „lebendigen Gemeinde" mehr, sondern tatsächlich tot. Das mag ungewöhnlich hart klingen, aber diese Diagnose gehört wohl zu einem realistischen Blick auf uns selbst. Ein Blick, den wir von der Bibel lernen können.

Wenn also eine Gruppe nur noch durch ein diffuses Wir-Gefühl zusammengehalten wird, wenn Gemeinschaft nur noch vorgegaukelt, aber nicht mehr gelebt wird, dann ist es Zeit für einen Weckruf. Wenn man nur noch so tut, als ob man lebendig wäre, wenn die Atmosphäre schön, aber schal ist, wenn sich nur noch das Altbekannte wiederholt und der depressive Kleingeist die Führung übernimmt, wenn man sich noch wohlfühlt und doch schon zu viel fehlt, nämlich etwas Anstößiges, nicht bloß Nettes, dann ist es Zeit für einen Weckruf.

Und wenn eine Gruppe nur noch durch ein Feindbild zusammengehalten wird, durch die Angst vor der „bösen Welt da draußen" oder „den Anderen", die geschürt wird, um die Reihen im Inneren dicht zu schließen, auch dann ist es Zeit für einen Weckruf.

Die Adventszeit bietet manchen Anlass, wehmütig-genüsslich in Feindbildern zu schwelgen. „Früher war alles besser", sagt sich mancher. „Damals gab es noch keine Weihnachtsmänner im August. Die stille Zeit am Ende des Kirchenjahres bedeutete den Menschen etwas. Niemand wäre auf die Idee gekommen, schon vor der Adventszeit an Weihnachten zu denken"[6], und so weiter und so fort, die Reihe der Klagen ließe sich mühelos verlängern.

Wahr daran ist: Viele Gemeinden und die Kirche als ganze haben manchen Verlust erlitten. Die selbstverständliche Kirchlichkeit vergangener Jahrhunderte ist passé, und die Zeiten, in denen wir eine Kirche nach der anderen gebaut haben, weil wir nicht wussten, wohin mit dem Geld, ist auch vorbei. Doch wahr ist auch: Wer die Vergangenheit verklärt, verpasst die Gegenwart und verspielt die Zukunft. Wer immer nur zurückschaut, der zieht sich zwangsläufig auch zurück aus der Welt, die ihm allzu bedrohlich erscheint. Dann ist es wieder Zeit für einen Weckruf.

Der Geist Gottes – gelobt sei er – stößt uns aber nicht nur auf unsere toten Stellen und blinden Flecken, sondern er weist uns auch den Weg zum Leben, schenkt uns neue Lebensgeister, indem er uns ermutigt:

„So denke nun daran, wie du empfangen und gehört hast, und halte es fest und tue Buße."

Buße tun, das klingt in unseren Ohren nach ultimativer Spaßbremse oder bestenfalls nach einem längst abgeschafften und fast schon vergessenen Feiertag.[7] Doch die Bibel meint etwas anderes.

Metánoia heißt das griechische Wort und meint etwas ebenso Einfaches wie Grundlegendes: ‚sich besinnen' und ‚seinen Sinn' ändern. Buße tun in diesem Sinne muss auch Pep Guardiola, wenn er sich fragt, was nach der 20. Minute schiefging und warum seine Mannschaft nach dem 2:0 so selbstzufrieden war, dass sie in der zweiten Halbzeit überhaupt nicht mehr ins Spiel fand. Buße tun bedeutet also nichts anderes als neu nachzudenken. Und das müssen wir alle immer wieder!

Der Karmeliterpater Reinhard Körner umschreibt Buße mit folgenden Worten:

„Denkt größer / von Gott, / voneinander, / von euch selbst, / vom Leben, / von allem … // Denkt größer / – über alles bisher Gedachte hinaus / … Und lebt größer / – über alles bisher Gelebte hinaus![8]

Die Adventszeit bietet manchen Anlass dies tatsächlich zu tun, größer zu denken und größer zu leben. Denn im Advent erwarten wir die Geburt Gottes – nicht bloß in unsere Kirche, in unsere Gemeinde oder in unsere Gruppe, sondern mitten hinein in unsere Welt. Mitten hinein in unsere Welt, die uns manchmal so sehr ängstigt, dass wir uns aus ihr zurückziehen oder uns lieber gleich ganz totstellen wollen.

Wann immer sie diesen Reflex in sich spüren, denken sie daran:

Gott kommt in die Welt und hilft uns, die Angst zu überwinden. Die Angst vor dem, was sich ändern wird. Aber auch die Angst vor dem, was nie so schön gewesen ist, wie es in der Verklärung erscheint.

Gott kommt in die Welt und zeigt uns ihre wahre Schönheit.

Wir verstehen uns als „lebendige Gemeinde" und tun alles dafür, es auch tatsächlich zu sein. Beginnen wir mit dem Hören! Alles, was es dafür braucht, sind offene Ohren. Offene Ohren für Gott und für die Menschen an unserer Seite.

Nehmen wir einander neu wahr als Menschen, die nicht nur Teil einer Gruppe oder eines Gemeindebezirks sind, sondern Einzelne mit ihren Gaben und ihren Schwächen, mit ihren Verletzungen und ihren Bedürfnissen, mit ihren Ängsten und mit ihren Träumen. Dafür braucht es weder intensive Gemeinschaftsgefühle noch gemeinsame Interessen, sondern Lust auf Überraschungen und Begegnungen mit lebendigen Menschen. Es braucht Offenheit für den Anderen, der so ganz anders ist als ich selbst und trotzdem Gottes geliebtes Kind. Und es braucht Offenheit für den „ganz Anderen", der uns gegenübertritt und sich selbst zur Geltung bringt mit Weckrufen, aber auch mit Trostrufen.

„Ich mache mir Sorgen", sagte Pep Guardiola, der Trainer des FC Bayern nach der 2:3-Niederlage gegen Manchester City am Dienstagabend

„Fürchtet euch nicht", sprach der Engel zu den Hirten, „denn euch ist heute der Heiland geboren."

IV. Moralgeschichten

1. Was tröstet

Johannes 15,26-16,4

26 Wenn aber der Tröster kommen wird, den ich euch senden werde vom Vater, der Geist der Wahrheit, der vom Vater ausgeht, der wird Zeugnis geben von mir. 27 Und auch ihr seid meine Zeugen, denn ihr seid von Anfang an bei mir gewesen. 1 Das habe ich zu euch geredet, damit ihr nicht abfallt. 2 Sie werden euch aus der Synagoge ausstoßen. Es kommt aber die Zeit, dass, wer euch tötet, meinen wird, er tue Gott einen Dienst damit. 3 Und das werden sie darum tun, weil sie weder meinen Vater noch mich erkennen. 4 Aber dies habe ich zu euch geredet, damit, wenn ihre Stunde kommen wird, ihr daran denkt, dass ich's euch gesagt habe. Zu Anfang aber habe ich es euch nicht gesagt, denn ich war bei euch. (Lutherbibel 1984)

Der Abschnitt aus dem Johannesevangelium, den wir eben in der Lesung gehört haben, ist Teil der Abschiedsreden Jesu an seine Jünger. Noch sind keine 50 Tage seit Ostern vergangen, da holt uns kurz vor Pfingsten die Realität ein. Wir haben seit-

113

dem triumphiert: Er ist wahrhaftig auferstanden. Wir haben uns mit den frisch Getauften wie neugeboren gefühlt, über Gott und seine Barmherzigkeit jubiliert, wir haben gesungen und gebetet. Zuletzt, an Himmelfahrt, haben wir gelernt: Jesus ist nicht mehr bei uns, wie er in den Tagen des Anfangs bei den Jüngern gewesen ist, sondern anders. Aber wie?

Heute sagt Jesus uns: Es kommt eine Kraft Gottes, die euch tröstet. Eine Kraft, die euch hilft zu leben, auch wenn es einmal schwierig wird.

Soweit so gut, mögen sie sagen, aber klappt das auch?

Wer Versicherungen kritisiert, muss sich auch kritisch selbst befragen: Ist Religion im allgemeinen, das Christentum im Besonderen nicht letztlich eine Form der Vertröstung? Friedrich Nietzsche schrieb einmal über die Christen:

„Bessere Lieder müßten sie mir singen, daß ich an ihren Erlöser glauben lerne: erlöster müßten mir seine Jünger aussehen!"

Daran ist wahr: Wer immer nur von Erlösung und Trost, von Glaube, Liebe und Hoffnung redet und mit seinem eigenen Leben ein ganz anderes Zeugnis ablegt, der wird unglaubwürdig.

Wahr ist aber auch: Ich kann mich leider nicht entscheiden, erlöster aussehen zu wollen. Entweder ich bin es und sehe auch so aus oder ich bin es nicht. Jeder Versuch, hier etwas darstellen zu wollen, was wir nicht selbst erfahren, wird zum Krampf. So ist es auch mit dem Trost. Ich kann weder trösten wollen noch getröstet werden wollen.

Die Erfahrung lehrt, dass sich Trost einstellt, oft leise still und heimlich, ohne dass man ihn anstrebt.

Was aber tröstet im echten Leben?

Studierende, die in einer Umfrage danach gefragt wurden, was sie tröstet, gaben überwiegend an: Wenn jemand sich Zeit für mich nimmt, menschliche Nähe, die Aufrichtigkeit des anderen und sein Verständnis. Als hilfreich wurde weiterhin erlebt: Wenn ich in den Arm genommen werde, Ruhe und eine angenehme Atmosphäre. Als störend und nicht hilfreich wurden Floskeln und Ratschläge erlebt, auch das gut gemeinde Aufmuntern: „Du schaffst das schon". Das wichtigste Signal – ob mit Worten oder anders – hingegen lautet: „Ich bin da."

Vielleicht haben sie auch schon einmal erlebt, welche Kraft darin steckt, einem anderen zu sagen und zu zeigen: „Ich bin da." Kinder wie Paul machen sich auf und entdecken die Welt auf eigene Faust, schöpfen Mut trotz mancher blauen Flecken und Beulen, die sie sich dabei holen, solange sie sich von Zeit zu Zeit vergewissern können: Ist die Mama, ist der Papa noch da? Da reicht ein Blick und alles ist gut. Kein Kind will immer auf dem Schoß sitzen, aber es muss jemand da sein. Vor allem in den Übergangsphasen, morgens beim Aufwachen oder abends beim Einschlafen, muss jemand da sein. Und wenn es nicht der Papa sein kann, dann ist es der Teddy-Bär, der den abwesenden Papa anwesend hält. Im Grunde unserer Seele bleiben wir Zeit unseres Lebens darauf angewiesen, dass jemand da ist: Wir suchen Partner in den unendlichen Weiten des Internets und sehnen uns nach jemandem, der uns die Hand hält, wenn wir sterben müssen. Wir brauchen dieses Signal wie das tägliche Brot und wie die Luft zum Atmen: „Ich bin da."

Mit diesem Satz hat Gott sich dem Mose in der Wüste vorgestellt: „Ich bin da, so lautet mein Name." Weil wir unser Leben diesem Gott verdanken, darum sind wir erst dann wirklich im Leben angekommen, wenn wir seine Stimme wieder hören: „Ich bin da." Und jedes Mal, wenn ein Mensch uns das sagt oder zeigt: „Ich bin da.", dann wird er zum Götterboten, zum Engel, dann bringt er göttlichen Trost in unser Leben.

Eine Sache noch zum Schluss:

Es wäre naheliegend, dass wir als christliche Gemeinde sagen: Das Trösten ist unsere Aufgabe, wir wollen die Menschen trösten. Und wenn uns das gelingt, dann werden diese Menschen ein Teil unserer Gemeinde oder zumindest meine Freunde.

Davor möchte ich warnen.

Versuchen sie nicht, Menschen, die sie trösten wollen, an sich oder an die Gemeinde zu binden. Das Trösten ist keine Missionsstrategie und auch kein Erfolgsrezept für einsame Herzen.

Wenn Jesus vom Geist spricht, von jener Kraft Gottes, die zu uns kommt, dann meint er ein Geschehen, das nicht in unseren Händen liegt, sondern in den Händen Gottes. Wir können es nicht machen, wir können nicht trösten wollen, aber wir können Menschen zeigen: „Ich bin da."

Probieren sie's mal aus.

2. Der Bund

Jeremia 31,31-34

Wir feiern Gottesdienst im Namen des dreieinigen Gottes, des Vaters und des Sohnes und des Heiligen Geistes. Dieser dreieinige Gott ist kein anderer als der Gott, von dem auch schon das Alte Testament erzählt, auch wenn er dort noch nicht so genannt wird.

Das Alte Testament spricht von Gott, „elohim" im Hebräischen, und nennt ihn beim Namen. Einen Namen, von dem wir nicht wissen, wie man ihn ausspricht. Vier Buchstaben sind es im Hebräischen: J-H-W-H. In den meisten Bibelübersetzungen wird dieser Name mit „HERR" übersetzt und im Text durch Großbuchstaben abgesetzt. Mit HERR ist also nicht Herr Müller, Herr Meier, Herr Schulze gemeint, sondern der Name Gottes.

Im Laufe der 2000-jährigen Kirchengeschichte hat es immer wieder Versuche gegeben, zwischen dem dreieinigen Gott, auf dessen Namen wir getauft sind, und dem HERRN im Alten Testament zu trennen: Dort der Schöpfer, hier der Erlöser; dort der rachsüchtige, sogenannte „alttestamentarische" Gott, hier der gnädige Gott; dort der Gott eines Volkes, hier der Gott der ganzen Menschheit.

Der letzte Versuch so zu trennen, ist erst zwei Jahre alt. Notger Slenczka, Theologieprofessor an der Humboldt-Universität in Berlin, ehemals halbwegs, jetzt sehr bekannt, hat in einem bewusst provokativen Beitrag die Gültigkeit des Alten Testaments für die kirchliche Lehre in Frage gestellt. Das Alte Testament sei „die Identität stiftende Urkunde einer anderen Religionsgemeinschaft", eben des Judentums, und darum „als Grundlage einer Predigt, die einen Text als Anrede an die Gemeinde auslegt, nicht mehr geeignet".[1]

Slenczka begründet dies zusätzlich auch mit der angeblichen „Fremdheit der Texte"[2], unterschlägt dabei allerdings kurzerhand, dass es auch im Neuen Testament Texte gibt, die deutliches, wenn nicht sogar stärkeres Befremden auslösen. Aber das nur am Rande.

Das entscheidende Argument dafür, dass das Alte Testament für die Kirche unentbehrlich ist, nicht nur als ein interessantes Buch, sondern als Heilige Schrift, das entscheidende Argument dafür lautet:

Das Alte Testament ist die Bibel Jesu.

Der Gott Abrahams, Isaaks und Jakobs ist der Gott und Vater Jesu Christi, ist Vater, Sohn und Heiliger Geist, derselbe im Alten wie im Neuen Testament.

Ein Begriff steht in besonderer Weise für diese Verklammerung des Alten mit dem Neuen Testaments und für die Einheit Gottes: der Begriff „Bund".

Vom „Bund" ist in verschiedenen Zusammenhängen die Rede. Wenn zwei Menschen heiraten, dann schließen sie den „Bund fürs Leben". Einen Bund, den sie als gleichberechtigte Partner eingehen.

Vom „Bund" ist auch in der Bibel an wichtigen Stellen die Rede. Das Wort zieht sich wie ein roter Faden durch die Erzählungen. Hier ist es allerdings kein Bund zwischen gleichberechtigten Partnern, sondern Gott, der die Initiative zum Bundesschluss ergreift und damit zugleich sein Gegenüber verpflichtet.

Nach der großen Flut schließt Gott einen Bund mit Noah und verspricht ihm: „Solange die Erde steht, soll nicht aufhören Saat und Ernte, Frost und Hitze, Sommer und Winter, Tag und Nacht." (Gen 8,22) Als Zeichen für diesen Bund setzt er den Regenbogen an den Himmel.

Nachdem Abraham auf Gottes Geheiß aus seiner Heimat ausgezogen ist und Neuland betreten hat, schließt Gott einen Bund mit ihm und verspricht ihm: „Deinen Nachkommen will ich dies Land geben" (Gen 15,18). Als Zeichen für diesen Bund ordnet er die Beschneidung der männlichen Nachkommen an (Gen 17,10).

Nach dem Auszug aus Ägypten versammelt Mose das Volk Israel am Berg Sinai. Dort schließt Gott einen Bund mit dem Volk und verspricht ihm: „Werdet ihr nun meiner Stimme gehorchen und meinen Bund halten, so sollt ihr mein Eigentum sein vor allen Völkern" (Ex 19,5). Als Zeichen des Bundes empfängt Mose die Tafeln mit Geboten, in denen er das Volk unterrichten soll (Ex 24,12 ff.).

Gott wird nicht müde, auf die Menschen zuzugehen. Immer wieder bringt er sich ins Spiel, als Gegenüber, als Retter, als derjenige, der Zukunft und Leben verheißt. Und immer wieder spielt sich dann das große Drama des Bundes vor unseren Augen ab: Die Menschen gehen den Bund mit Gott ein, sagen: „Alle Worte, die der HERR gesagt hat, wollen wir tun" (Ex 24,3), doch dann ... geschieht genau das Gegenteil.

Kaum ist das Volk im Land, hat bekommen, was ihm versprochen wurde, vergessen sie Gott und den Nächsten, wenden sich ihren Götzen zu, ihrem Reichtum, und beuten die Armen und Schwachen im Land aus. Bald schon herrschen Verhältnisse wie im Sklavenhaus Ägypten: eine kleine Gruppe von Oligarchen herrscht und die breite Masse nagt am Hungertuch.

Es treten Propheten auf, die das anprangern: als Gottvergessenheit und als Bruch des Bundes. Doch niemand hört sie. Und so kommt es, wie es kommen muss: Das Volk, im Inneren ohnehin zerfallen, zerfällt auch äußerlich, wird leichte Beute für die anderen Mächte um es herum, hört auf, als Staat zu existieren.

Irgendwann während und nach dieser Katastrophe suchen die Nachdenklichen Worte für das, was passiert ist. Sie betreiben Ursachenforschung und nehmen dabei auch sich selbst in den Blick. Im Spiegel der Gebote Gottes erkennen sie: So wie wir gelebt haben, hat keine Gesellschaft Zukunft. Wer die Solidarität unter den Menschen mit Füßen tritt, weil er vergessen hat, wer der Geber aller guten Gaben ist, der hat keine Zukunft. Wir müssen zurück zu den Quellen unseres Lebens. Wir müssen zurück in den Bund mit Gott. Und zurück heißt in diesem Falle: zurück in die Zukunft, zu einem neuen, einem erneuerten Bund. Und so formten sich aus dem Nachdenken Worte, die sie als Worte Gottes hörten.

31 Siehe, es kommt die Zeit, spricht der HERR, da will ich mit dem Hause Israel und mit dem Hause Juda einen neuen Bund schließen, 32 nicht wie der Bund gewesen ist, den ich mit ihren Vätern schloss, als ich sie bei der Hand nahm, um sie aus Ägyptenland zu führen, ein Bund, den sie nicht gehalten haben, ob ich gleich ihr Herr war, spricht der HERR; 33 sondern das soll der Bund sein, den ich mit dem Hause Israel schließen will nach dieser Zeit, spricht der HERR: Ich will mein Gesetz in ihr Herz geben und in ihren Sinn schreiben, und sie sollen mein Volk sein und ich will ihr Gott sein. 34 Und es wird keiner den andern noch ein Bruder den andern lehren und sagen: »Erkenne den HERRN«, sondern sie sollen mich alle erkennen, beide, Klein und Groß, spricht der HERR; denn ich will ihnen ihre Missetat vergeben und ihrer Sünde nimmermehr gedenken. (Lutherbibel 1984)

Das ist typisch Gott! Gott schließt in seiner Leidenschaft für das Leben und die Menschen einen Bund mit ihnen, den sie brechen, nicht nur einmal oder zweimal, sondern immer wieder. Und Gott reagiert darauf auf eine denkbar rührende Art und

Weise: Er setzt einen bunten Bogen an den Himmel, damit die Menschen sich an die vielfältige Gnade Gottes erinnern. Und er sagt sich: Der nächste Bund, den ich mit ihnen schließe, muss besser werden. Die Menschen belehren sich gegenseitig mit dem, was sie für den Willen Gottes. Jede Religion glaubt ihn zu besitzen. Und alle verlieren sie sich selbst dabei aus dem Blick, schauen immer nur auf die Fehler der anderen, versuchen die anderen zu bessern anstatt sich selbst zu bessern. Das muss aufhören, sagt sich Gott, der nächste Bund muss ein Bund sein, der direkt, ohne Umwege über Tafeln, Schulen und Katechismen direkt in den Herzen der Menschen wirkt.

Ich schaffe den Konfirmandenunterricht ab und den Religionsunterricht und die Gesetzbücher.

Die Gesetzbücher, die ja doch nur von denen, die sich die besten und teuersten Anwälte leisten können, benutzt werden, um sich den eigenen Vorteil zu sichern. Schluss mit dem Belehren, sagt sich Gott, in Zukunft sollen die Menschen es von sich aus besser wissen und besser machen. Und ich, Gott, helfe ihnen dabei.

Hat's funktioniert? Bei ihnen und bei mir? Ich bin mir da nicht so sicher!

Außer bei einem. Außer bei Jesus!

In ihm ist dieser neue Bund, den Gott durch Jeremia versprochen hat, schon Wirklichkeit geworden, einmal auf jeden Fall. Und damit ist auch klar: Es geht. Es geht sogar unter den Bedingungen unserer Welt. Ein Leben nach Gottes Bund ist möglich. In den Worten und im Wirken Jesu wird sichtbar, wie das Leben eines Menschen aussieht, Sinn und Geschmack für den neuen Bund hat, der Intuition und Gespür hat für Gottes Willen und Gottes Gegenwart in der Welt. Jesus hat die Welt transparent gemacht für Gottes Wirksamkeit in ihr, hat die Wirklichkeit durchlässig gemacht für Gottes Kraft, sodass Menschen in seiner Nähe frei, hoffnungsvoll und solidarisch geworden sind.

Würden wir das Alte Testament in der Kirche nicht mehr lesen und als Anrede an uns hören, das Drama vom Bund und seinem Bruch, wir könnten unmöglich verstehen, wer uns in Jesus begegnet. Der Bund ist die Voraussetzung für sein Wirken. Er ist die Bühne, auf der sich das Drama von Hoffnung und Enttäuschung, von Treue und Verrat immer wieder neu abspielt.

Je intensiver ich das Alte Testament lese, umso mehr erlebe ich, dass ich in diese Geschichte hineinversetzt werde, wie meine Geschichte zu einem Teil dieser Geschichten wird, wie ich selbst – in meiner ganzen Sehnsucht nach Erlösung – auf den neuen Bund hoffe, der hier und da aufblitzt, zeichenhaft Wirklichkeit wird, zum Beispiel in den Zeichen von Brot und Wein, die uns eine Welt ankündigen, in der es genug für alle gibt.

3. Der Riss

Lukas 18,9-14

9 Er sagte aber zu einigen, die sich anmaßten, fromm zu sein, und verachteten die andern, dies Gleichnis: 10 Es gingen zwei Menschen hinauf in den Tempel, um zu beten, der eine ein Pharisäer, der andere ein Zöllner. 11 Der Pharisäer stand für sich und betete so: Ich danke dir, Gott, dass ich nicht bin wie die andern Leute, Räuber, Betrüger, Ehebrecher oder auch wie dieser Zöllner. 12 Ich faste zweimal in der Woche und gebe den Zehnten von allem, was ich einnehme. 13 Der Zöllner aber stand ferne, wollte auch die Augen nicht aufheben zum Himmel, sondern schlug an seine Brust und sprach: Gott, sei mir Sünder gnädig! 14 Ich sage euch: Dieser ging gerechtfertigt hinab in sein Haus, nicht jener. Denn wer sich selbst erhöht, der wird erniedrigt werden; und wer sich selbst erniedrigt, der wird erhöht werden.
(Lutherbibel 1984)

I.

Wie heißt es doch so schön: Hochmut kommt vor dem Fall! In der Geschichte vom Pharisäer und Zöllner scheinen die Rollen klar verteilt zu sein: Der Hochmütige und der Demütige, der Schlechte und der Gute, Schwarz und Weiß. Da ist der fromme Pharisäer, der Gott dafür dankt, dass er kein Sünder wie die anderen ist und für diesen Hochmut bei Gott in Ungnade fällt. Und da ist der sündige Zöllner, der voller Demut Gott um Erbarmen anfleht. Er ist derjenige, für den die Geschichte gut ausgeht. „Wer sich selbst erhöht, der wird erniedrigt werden; und wer sich selbst erniedrigt, wird erhöht werden" (Lk 18,14). Die Moral von dieser Geschichte sollten sich die allzu Frommen und die allzu Selbstsicheren mal hinter die Ohren schreiben! Gott ist nicht auf der Seite der 150-Prozentigen, er ist nicht auf der Seite der religiösen Spießer und Streber; die andern hat er lieber. Das hör ich gern, denn ich fühle mich auf der richtigen Seite. Ich habe ja auch meine Fehler und kleinen Sünden und würde mich nie so weit aus dem Fenster lehnen wie dieser Pharisäer: Wie kann man nur so hochmütig sein?! Doch Vorsicht: Die Moral von der Geschicht' – so einfach ist die nicht. Dafür hatte der Dichter Eugen Roth ein sicheres Gespür. „Ein Mensch betrachtete einst näher / die Fabel von dem Pharisäer, / der Gott gedankt voll Heuchelei / dafür, dass er kein Zöllner sei. / Gottlob! rief er in eitlem Sinn, / dass ich kein Pharisäer bin!" Merken Sie es? Schon ist es passiert. So leicht kann man in die Falle tappen. Eh man sich versieht, sind die Rollen vertauscht. Wer mit dem Finger auf Heuchler zeigt, wird schnell selbst zu einem. Also noch mal von vorn, schauen wir genauer hin – auf die Geschichte vom Pharisäer und Zöllner und auf uns selbst.

II.

„Es gingen zwei Menschen hinauf in den Tempel, um zu beten, der eine ein Pharisäer, der andere ein Zöllner" (Lk 18,10). Fangen wir beim Pharisäer an. Er ist ein frommer Mensch. Glauben wir ihm mal, dass er tut, was er sagt. „Ich faste zweimal in der Woche und gebe den Zehnten von allem, was ich einnehme" (Lk 18,12). Glauben wir ihm mal, dass er wirklich fromm ist. Das ist zweifelsohne gut und das gefällt Gott. Auch dagegen, dass der Pharisäer das stolz von sich sagt, ist nichts einzuwenden. „Tu Gutes und sprich darüber". Warum auch nicht? So weit, so gut. Aber der Pharisäer sagt noch etwas anderes: „Ich danke dir, Gott, dass ich nicht bin wie die anderen Leute, Räuber, Betrüger, Ehebrecher oder auch wie dieser Zöllner" (Lk 18,11). Das allerdings klingt nicht gut in Gottes Ohren. Um sich selbst mit noch mehr Ruhm zu bekleiden, stellt er den anderen bloß; um sich selbst groß zu machen, macht er den anderen klein. Und eh er sich versieht, macht er damit seine Frömmigkeit kaputt und all seine Heiligkeit wird zum eitlen Schein. Denn das Verhalten des Pharisäers ist nicht nur unfein – man muss denen, die am Boden liegen, nicht auch noch einen Tritt verpassen -, das ist nicht nur eitle Lästerei, selbstgerecht, herablassend, hochmütig oder ein wenig elitär - „der Pharisäer stand für sich"(Lk 18,11) – nein, was der Pharisäer tut, das ist viel schlimmer, der Stachel sitzt viel tiefer. Es ist die alte Sünde, das alte Spiel: Sein zu wollen wie Gott, sich selbst zu erheben, sich selbst gerecht zu sprechen und über andere den Stab zu brechen. Der Pharisäer überlässt das Urteil nicht Gott – weder das über sich noch das über andere. Damit ist er in die Falle getappt, damit hat der Teufel ihn. Der Pharisäer versündigt sich nicht nur gegenüber dem Zöllner, sondern auch gegenüber Gott, weil er an seine Stelle will. Die alte Sünde, das alte Spiel seit Adam und Eva. Dadurch wird der Allerfrömmste zum größten Sünder. Nun kann der

Pharisäer sich wieder ganz hinten anstellen, direkt neben den Zöllner. „Der Sünder aber stand ferne…" (Lk 18,13).

III.

„Ein Mensch betrachtete einst näher / die Fabel von dem Pharisäer, / der Gott gedankt voll Heuchelei / dafür, dass er kein Zöllner sei. / Gottlob! rief er in eitlem Sinn, / dass ich kein Pharisäer bin" (Eugen Roth). Machen wir nun nicht den Fehler, den Pharisäer zu verurteilen, machen wir nicht den gleichen Fehler wie er. Statt mit dem Finger auf andere zu zeigen, fassen wir uns doch lieber an die eigene Nase! Lebt nicht in uns allen so ein Pharisäer? Da ist zu hören: „Wie kann man nur bei diesem Billigdiscounter einkaufen und die miesen Arbeitsbedingungen dort unterstützen; nachhaltig produziert ist die Ware da auch nicht. Ich bin nicht so verantwortungslos wie diese Leute, ich kaufe im Bioladen - fair trade, versteht sich." Schon ist es passiert. Schon bist du die Falle getappt, hast geurteilt über dich und den anderen – und vielleicht komplett danebengelegen. Ja, es ist gut, dass du dich für den Bioladen entscheidest; du kannst es ja auch. Doch die Rentnerin, die im Alter kaum über die Runden kommt, hat keine Wahl. Sie muss da einkaufen, wo es billig ist, ob sie will oder nicht. Was wirfst du ihr vor, dass sie sich ein gutes Gewissen schlichtweg nicht leisten kann? Oder der junge Mann, der kaum etwas über Produktions- und Arbeitsbedingungen weiß und dem jedes politisches Bewusstsein fehlt, weil es ihm nie jemand vorgelebt hat – Wer bist du, seine Schuld zu messen? Wie leicht kann man anderen Unrecht tun, wenn man zu selbstgerecht ist! In uns allen lebt so ein Pharisäer. „Wie kann man Kirche einfach nur konsumieren, so was Laues. Ich bin nicht so wie solche Leute; ich bin ein besserer Christ, engagiere mich, investiere meine Kraft und Zeit; gehöre seit Jahren zum harten Kern." Und schon ist es wieder passiert. Ja, es ist gut, dass du dich engagierst, aber weißt du wirklich, warum andere es nicht tun und so handeln wie sie handeln? Weißt du, welchen Kummer der hat, der nur ab und an den Gottesdienst besucht, der vielleicht kaum Kraft und Zeit findet, um den nächsten Tag zu überstehen? Mit welchem Recht forderst du mehr von ihm, als er geben kann? Wer mit dem Finger auf die Sünder zeigt, wird schnell selbst zu einem. Es ist gut, zu fasten und den Zehnten zu geben, es ist gut, ökologisch und fair einzukaufen, es ist gut, sich zu engagieren. Und das auch ab und an zu sagen. Tu Gutes und rede darüber. Aber man muss andere nicht im gleichen Atemzug klein machen. Solche Urteile stehen uns nicht zu, sie beweisen nicht unsere Gerechtigkeit, sondern können anderen Unrecht tun. Weißt du, warum der andere sündigt? Weißt du, wann du es selber tust? Warum überlässt du das Urteil nicht Gott?

IV.

„Es gingen zwei Menschen hinauf in den Tempel, um zu beten, der eine ein Pharisäer, der andere ein Zöllner" (Lk 18,10). Kommen wir zum Zöllner. Viele Worte macht er nicht. Er schweigt lieber, weil er kaum etwas Gutes über sich zu sagen weiß. In die Augen gucken kann er seinem Gott jedenfalls nicht - „und wollte auch die Augen nicht zum Himmel aufheben" (Lk 18,13). Das ist traurig. Das gefällt Gott nicht. Man darf die Sünden des Zöllners nicht kleinreden, denn sie sind groß. Der Zöllner müsste etwas an sich ändern, das ist klar. Da könnte er sich ruhig an der Frömmigkeit des Pharisäers ein Beispiel nehmen. Doch bei allem, was der Sünder falsch macht - eins macht er richtig: Er überlässt das Urteil Gott und hofft auf sein Erbarmen. Das wiederum könnte der Pharisäer vom Zöllner lernen. Der Zöllner ist tateinsichtig; er weiß um seine Schuld. Da allein ist schon gut. Doch das ist nicht alles. Der Zöllner ist nicht fertig mit sich, sein Urteil steht nicht fest, da ist Platz für Gott und seine Gnade. „Gott, sei mir Sünder gnädig" (Lk 18,13)! Diese Bitte zeigt, dass der Zöllner nicht mit sich, seinem Leben und seiner Schuld abgeschlossen hat, sondern sich zu Gott hin öffnet. Dadurch wird er kein Heiliger, gewiss, aber dadurch geht ein Riss durch seine Sünde. Es gibt eine Liedzeile von Leonard Cohen, da heißt es „There is a crack in everything, that's how the light gets in". Da ist ein Riss in allem – durch ihn fällt das Licht ein. So ist es auch mit dem Zöllner und seiner Sünde. Er verdeckt sie nicht, schließt sie nicht ein, er bringt sie vor Gott. „Gott, sei mir Sünder gnädig! (Lk 18,13) – diese Bitte ist der Riss, der durch seine Sünde geht; diese Bitte ist der Riss, durch den das Leben des Sünders durchlässig für Gottes Gnade wird. Wegen dieser Bitte geht die Geschichte für den Zöllner gut aus. „Dieser ging gerechtfertigt hinab in sein Haus" (Lk 18,14).

V.

Hochmut kommt vor dem Fall, das ist wohl war. Aber die Moral von der Geschicht erschöpft sich in dieser allgemeinen Weisheit nicht. Es geht nicht nur ein Lehrstück über menschliche Demut und Hochmut. Da gibt es andere vom tiefen Fall der Mächtigen und von der Schadenfreude der anderen, mit der das Spiel dann wieder neu beginnt. In der Geschichte der „zwei Menschen, die hinauf in den Tempel gehen, um zu beten" (Lk 18,10), steckt mehr drin. Wie begegne ich Gott? Welche Worte finde ich? Spreche ich wie der Pharisäer „Ich doch nicht!" oder bitte ich wie der Zöllner „Herr, erbarme dich!"? Ich bin ganz ehrlich – manchmal weiß ich es nicht – aber ich hoffe, Gott öffnet mir mein Herz und schafft Raum für seine Gnade in meinem Leben.

4. Die Fremden

2. Mose 22,20

Wir Menschen sind notorisch vergesslich und oft ist das gut, weil es uns hilft zu leben. Hätten wir alles Schlimme, das wir erlebt, und alles Böse, das wir getan haben, ständig vor Augen, könnten wir wohl kaum unseren Alltag bewältigen. Manchmal allerdings geschehen Dinge, die den Panzer unserer Vergesslichkeit durchbrechen und bis in unser Alltagsbewusstsein vordringen.

Die derzeitige Flüchtlingskrise, die unsere Stadt und unser Land in Atem halten, gehört zu diesen Ereignissen. Wenn wir die Zeitung aufschlagen oder den Fernseher einschalten, lesen wir Nachrichten oder sehen Bilder, die wohl niemanden kalt lassen. Manche Bilder sind so unerträglich, dass darüber diskutiert wird, ob sie überhaupt veröffentlicht werden sollten. (Das Bild des toten Kindes Aylan Kurdi am Strand von Bodrum in der Türkei war ein solches Bild.)

Es sind Bilder, die in vielen von uns Erinnerungen an eigene Fluchterfahrungen wachrufen. Knapp ein Sechstel der Mitglieder unserer Kirchengemeinde sind zwischen 70 und 80 Jahre alt. Viele von ihnen stammen aus dem ehemaligen Ost- oder Westpreußen, aus Pommern oder Schlesien und erinnern sich noch gut daran, wie sie von dort gen Westen geflohen sind. Als Kinder kamen sie mit ein paar

Habseligkeiten nach einer gefährlichen Reise in irgendeinem Lager an. Wer gut dran war, hatte noch einen Elternteil dabei, meist die Mutter, der Vater war noch im Krieg oder schon in Gefangenschaft, nicht wenige aber kamen allein.

Menschen wie Frau S., die heute sagen: „Ich weiß genau, wie sich das anfühlt. Darum kann ich nicht so tun, als ginge mich das Schicksal der Flüchtlinge heute nichts an. Ich möchte helfen."

Auf genau dieses Einfühlungsvermögen zielt auch das Gebot aus dem biblischen Buch Exodus im Alten Testament:

„Die Fremdlinge sollst du nicht bedrängen und bedrücken; denn ihr seid auch Fremdlinge in Ägyptenland gewesen." (Lutherbibel 1984)

So beginnt eine Reihe von Geboten, die Rechtsschutz für die Schwachen in der Gesellschaft gewährleisten sollen. Es ist ein Gebot, das sich ursprünglich an die im Land sesshaft gewordenen Israeliten wandte; an diejenigen, die sich noch erinnerten oder erinnert werden konnten, wie es gewesen war, fremd in Ägypten zu sein.

Die Postkarten, die sie am Eingang bekommen haben, zitieren dieses Gebot und sie zeigen Motive einer Plakataktion der Evangelischen Kirche im Rheinland.[3]

Die drei Bilder verbinden sich mit drei Orten und drei Jahreszahlen:

1) Walternienburg in Sachsen-Anhalt. Im Jahr 1945 zogen Flüchtlingstrecks aus dem Osten hier hindurch. Das Bild zeigt Menschen, die ihre Habseligkeiten auf Planwagen transportieren und zu Fuß unterwegs sind.

2) Wipperfürth im Bergischen Land. In den Jahren 1946 bis 1952 standen am Rangierbahnhof fünf hölzerne Baracken, die als Durchgangslager für Flüchtlinge aus den ehemaligen deutschen Ostgebieten dienten. Im ersten Jahr kamen täglich zwischen 1000 und 1800 Flüchtlinge hier an. Sie sollten maximal 24 Stunden bleiben. Daraus wurden oft Monate, weil die Behörden dem immensen Ansturm nicht gewachsen waren. Das Bild zeigt Kinder, die auf einem Baumstamm balancieren und sich so gut es eben geht die Zeit vertreiben.

3) Prag. Im Jahr 1989 flüchteten ausreisewillige DDR-Bürger in die bundesdeutsche Botschaft in der tschechischen Hauptstadt. Bis zu 4000 Menschen hielten sich zeitweise im Hof des Gebäudes auf und harrten bei Regen und in knöcheltiefem Schlamm dort aus. Das Bild zeigt einen Mann, der ein Kind über den Zaun der Botschaft hebt.

Die Bilder zeigen vor allem:

Gottes Gebot hat auch uns im Blick. „Die Fremdlinge sollst du nicht bedrängen und bedrücken; denn ihr seid auch Fremdlinge ... gewesen."

Das gilt auch für uns Deutsche!

Wir sollen uns angesichts der Flüchtlinge, die jetzt zu uns kommen, an die eigenen Erfahrungen des Fremdseins inmitten von sesshaften Menschen erinnern, die ihre angestammten Plätze und Rechte verteidigten.

Und wir sollen darum solidarisch sein mit den Flüchtlingen heute!

Es sind die Zeitzeugen, die sich an die Kriegs- und Nachkriegszeit noch aus eigenem Erleben erinnern, die von den aktuellen und den historischen Bildern von Flüchtlingen leichter und vielleicht auch intensiver als wir Jüngere angesprochen werden.

Doch Gottes Gebot gilt nicht alleine ihnen!

Dieses Wort Gottes wurde ja deshalb in die biblischen Schriften aufgenommen, damit es jede Generation neu erreicht, damit jede Generation neu lernt:

Auch wir sind Fremdlinge in Ägyptenland – oder wo auch immer – gewesen.

Es gehört zu den Grunderfahrungen unseres Glaubens, dass wir immer wieder in Situationen kommen, in denen wir uns fremd fühlen. Gott erspart uns solche Situationen nicht. Im Gegenteil: Gott mutet uns solche Erfahrungen von Fremdheit zu, damit wir lernen, wie es ist, als Menschen aufeinander angewiesen zu sein, damit wir Solidarität lernen.

Heute sind wir die Sesshaften und die anderen die Fremden.

Schon morgen kann es anders sein!

Schon morgen können wir diejenigen sein, die wieder auf die Hilfe anderer angewiesen sind.

Wenn wir in Frieden und Sicherheit leben, dann ist das ein Grund zu großer Dankbarkeit – und ein Anlass, die Früchte dieser langen Friedensperiode zu teilen!

In einer Erklärung der Leitenden Geistlichen der Evangelischen Kirchen in Deutschland heißt es:

„Uns in Deutschland ist aufgrund unserer Geschichte in besonderer Weise bewusst, welches Geschenk es ist, Hilfe in der Not und offene Türen zu finden. Ohne die Hilfe, die uns selber zu Teil geworden ist, wären wir heute nicht in der Lage, mit unseren Kräften anderen zu helfen."[4]

Und da wir in der Lage sind, es zu tun, sollen wir es auch tun!

Wie das geht? Ich sehe drei Möglichkeiten:

1) Wir heißen Flüchtlinge willkommen. Es kommt auf unsere Haltung an. Wenn wir Flüchtlinge in unserer Stadt und in unserer Gemeinde willkommen heißen, dann werden andere sich an uns ein Beispiel nehmen. Dazu gehört auch, jeder Form von Rassismus und Fremdenhass entschieden entgegenzutreten.

Auch unter Arbeitskollegen oder im Verein! Die Brandstifter, auch die geistigen Brandstifter, dürfen nicht länger das Gefühl haben, im Namen der schweigenden Mehrheit zu handeln. Das tun sie nämlich nicht!

2) Wir tun vor Ort, was wir tun können. Das Presbyterium stellt der Diakonie Düsseldorf das leerstehende Pfarrhaus nebenan als Wohnraum für Flüchtlinge zur Verfügung. Zurzeit wird geprüft, ob dies möglich ist. Wir hoffen, es gelingt!

3) Wir sind politisch Anwälte der Flüchtlinge. Die Ursachen, warum Menschen gegen ihren Willen ihre Heimat verlassen, sind vielfältig: Klimawandel, extreme Armut, Krieg und Gewalt gehören dazu. Lösungen gibt es nur gemeinsam, europäisch und international. Aber auch wir sind nicht machtlos. Wir können unsere demokratischen Rechte ausüben, z.B. mal wieder wählen gehen und so dafür sorgen, dass es legale Wege der Einwanderung nach Deutschland und Europa gibt, die Schleusern das Wasser abgraben.

Es ist wahr: Die Herausforderung, vor der wir hier stehen, ist groß.

Aber die Verheißung auch!

Wenn es uns gelingt, denen beizustehen, die heute unsere Hilfe brauchen, dann wird uns das verändern, dann wird es bessere Menschen aus uns machen.

Und wir werden selbst beschenkt werden in einem Ausmaß, das wir uns heute noch nicht vorstellen können!

V. Jesus für uns heute

1. König, Prophet, Priester

Hebräer 1,1-4

Heute, am 1. Weihnachtstag, klingt diese Zeile von der stillen und heiligen Nacht bereits wie aus weiter Ferne nach.

Die Bilder vom Weihnachtsstück, das eben noch den Raum füllte, fangen an zu verblassen. Die Requisiten sind noch da: [die Krippe,] der Baum und die Kerzen.

Und doch ist etwas anders heute: die gespannte Erwartung des Heiligabends hat nachgelassen, manche Erwartung wurde vielleicht sogar enttäuscht. In der kommenden Woche werden all die Geschenke umgetauscht, die eher verhaltene Freude ausgelöst haben. Die Feierlichkeit ist einer gewissen Nüchternheit gewichen, manch einer eilt in Gedanken vielleicht schon voraus zu den alltäglichen Geschäften der heute beginnenden Woche.

Und doch ist Weihnachten noch nicht vorbei! Noch ist Festzeit!

Noch ist Festzeit, das heisst auch: es ist noch Zeit, einen zweiten und dritten Blick auf Weihnachten zu werfen. Es ist noch Zeit, am Fest der Geburt Jesu Neues zu entdecken. Dabei kann uns der heutige Predigttext helfen.

Er spricht eine etwas ungewohnte Sprache. Es ist nicht die Sprache der Weihnachtsgeschichte. Es sind auch nicht die Bilder von den Hirten auf dem Feld, von den Weisen aus dem Morgenland und dem Kind in der Krippe.

Der Text spricht vielmehr eine Sprache, die geprägt ist von Erfahrungen aus der Geschichte des Volkes Israel. Und er stellt uns Bilder vor Augen aus dem Gottesdienst am Tempel in Jerusalem.

Ich lese die Zeilen aus dem Hebräerbrief im 1. Kapitel die Verse 1-4, die wir eben bereits gehört haben, noch einmal vor:

1 Nachdem Gott vor Zeiten vielfach und auf vielerlei Weise zu den Vätern geredet hatte durch die Propheten, 2 hat er am Ende dieser Tage zu uns geredet durch den Sohn, den er eingesetzt hat zum Erben aller Dinge und durch den er die Welten geschaffen hat. 3 Er, der Abglanz seiner Herrlichkeit und Abbild seines Wesens ist, der das All trägt mit dem Wort seiner Macht, der Reinigung von den Sünden geschaffen hat, er hat sich zur Rechten der Majestät in den Höhen gesetzt, 4 weit erhabener geworden als die Engel, wie er auch einen Namen geerbt hat, der den ihrigen weit überragt. (Zürcher Bibel 2007)

Der Hebräerbrief übermittelt uns die Weihnachtsbotschaft in einer anderen Sprache, mit anderen Bildern und in komprimierter Form.

Der Verfasser interessiert sich nicht für die Umstände der Geburt Jesu, er konzentriert sich vielmehr ganz und gar auf die Bedeutung Jesu.

Er antwortet auf die Frage:

Wer ist dieser Jesus? Und was hat er mit uns zu tun?

Die Antwort des Hebräerbriefs ist mehrteilig und dadurch nicht ganz leicht zu fassen: Jesus ist „Sohn" Gottes (V. 2), „Abglanz seiner Herrlichkeit und Abbild seines Wesens" (V. 3), „er hat sich zur Rechten der Majestät in den Höhen gesetzt" (ebd.).

Das alles sind, so verschieden sie auch sein mögen, Bilder der Hoheit. Bilder, die Jesu Bedeutung in seinem Verhältnis zu Gott zeigen. Es sind Bilder, die uns heute, da wir gewohnt sind, Jesus in seiner Menschlichkeit zu sehen, vielleicht ungewohnt, möglicherweise sogar unpassend erscheinen.

Wir haben uns angewöhnt, Jesus als Menschen zu sehen, der mit beiden Beinen auf der Erde steht, der recht betrachtet ein Mensch ist wie du und ich. Da steht schnell der Verdacht im Raum, hier werde ein Mensch überhöht, ja buchstäblich in himmlische Sphären entrückt.

„Jesus Menschensohn" nannte Rudolf Augstein, der langjährige Herausgeber des Hamburger Nachrichtenmagazins „Der Spiegel", sein 1972 erschienenes Buch über Jesus. Darin möchte er die Rede vom Gottessohn Jesus als kirchliche Verzerrung des wahren Jesus entlarven.

Was damals möglicherweise hilfreich war, die Wiederentdeckung der Menschlichkeit Jesu hinter einem kirchlichen Bild vom Sohn Gottes, das darf doch nicht dazu führen, dass auseinander fällt, was in Wahrheit zusammengehört:

Jesus ist wahrhaft Mensch, und als dieser wahrhafte Mensch ist er der Sohn Gottes.

Ob wir Jesu Bedeutung umfassend verstehen, entscheidet sich auch daran, ob wir bereit sind, nicht nur dem neugeborenen Jesus, nicht nur dem süßen Säugling, sondern auch dem Sohn Gottes in seiner Hoheit einen Platz in unserer Herberge, einen Platz in unserer Kirche und in unseren Familien einzuräumen.

Sohn Gottes, dass bedeutet nun nicht, dass wir uns da irgendeine physische Abstammung denken müssen. Wir sollten uns da nicht von einem wortwörtlichen Verständnis von Zeugung in die Irre führen lassen.

Sohn Gottes, das bedeutet vor allem: in dem Menschen Jesus *spricht* Gott zu uns.

In seinen Worten und Taten, wie sie uns von der Bibel bezeugt werden, *begegnet* uns Gott.

Der Hebräerbrief stellt Jesus in eine Reihe mit den Propheten des Volkes Israel: „Nachdem Gott vor Zeiten vielfach und auf vielerlei Weise zu den Vätern geredet hatte durch die Propheten,

hat er am Ende dieser Tage zu uns geredet durch den Sohn." (V. 1 f.)

Jesus tut, was die Propheten vor ihm bereits getan haben.[1]

Nicht alles, was Jesus gesagt und getan hat, war für die Menschen bequem. Mit prophetischer Vollmacht hat Jesus den Glauben seiner Zeitgenossen kritisiert. Als er die Händler aus dem Tempel in Jerusalem vertrieb und so die Trennung von Religion und Kommerz durchsetzte, da hat er ein prophetisches Zeichen gesetzt. Ein Zeichen dafür, dass sich das Geheimnis Gottes und ein sinnvolles Leben nicht durch Geld und Gut kaufen lassen. Gottes Geheimnis zeigt sich gratis. Es zeigt sich dem, der sich dafür öffnet. Nicht mehr, aber auch nicht weniger ist dafür nötig. In dieser Geschichte wird Jesus tatsächlich zum Abbild von Gottes Wesen. Und dieses Wesen ist seine freie Gnade gegen alle Menschen.

Näher an Gott kann man nicht rücken. Vom „Abbild seines Wesens" (V. 3) spricht der Hebräerbrief und verwendet an dieser Stelle im Griechischen das Wort „Charakter".

Man könnte vielleicht sagen: Jesus *charakterisiert* Gott, zeigt Gott, wie er in Wahrheit ist.

Und damit gilt auch: Gottes Glanz strahlt durch Jesus in der Schöpfung auf. Ja, von Jesus selbst

142

gehen schöpferische Kräfte aus. Er trägt „das All ...
mit dem Wort seiner Macht", jubiliert der Hebräerbrief. Von dieser Schöpferkraft Jesu wird überall
dort etwas sichtbar, wo er Menschen geheilt hat.
„Ich will es, sei rein!" (Mt 8,3) spricht er zu dem
Aussätzigen, und der wird gesund.

Jesus ist der Herrscher über die Mächte und Gewal-
ten, die unser Leben beinträchtigen.[2]

Er herrscht nicht durch Macht und Gewalt, sondern durch sein Wort und im Geist Gottes. Auch
wenn wir keine Wunder dieser Art vollbringen
können, auch wir können Anteil haben an dieser
heilenden Kraft des Wortes.

Überall dort, wo wir als Gemeindeglieder, als Menschen im Glauben einander zuhören und miteinander sprechen, wo wir miteinander beten und füreinander ein gutes Wort einlegen vor Gott und in
dieser Welt, da haben wir Anteil an dieser heilenden
Kraft des Wortes. Da werden wir eine heilende
Gemeinschaft. Und da wird etwas vom Glanz der
Herrlichkeit Gottes auch in unserem Leben sichtbar.

Und zuletzt benutzt der Hebräerbrief ein Bild aus
der Welt des Tempels in Jerusalem, um Jesu Hoheit
zu zeigen. Er ist der, „der Reinigung von den Sünden geschaffen hat." (V. 3) Die Reinigung von den
Sünden, das ist eine Aufgabe der Priester am Tempel gewesen. Mit dem Opfer im Tempel gab es die
Möglichkeit, von den Sünden gereinigt zu werden.
Sterbliche und fehlbare Menschen, wie wir nun

einmal sind, können wir darum vor dem heiligen Gott leben, weil es Vergebung der Sünden und immer wieder einen neuen Anfang gibt.

Unser Hohepriester ist Jesus Christus, der mit seinem Leben für uns vor Gott eingetreten ist – ein für allemal. Für unsere Sünden ist kein weiteres Opfer nötig.[3]

Jesus Christus ist mit seinem Leben bei Gott für uns eingetreten.

Er, der Hohepriester, ist selbst das Opfer. Das führt an die Grenze dessen, was wir uns vorstellen können.

Die Botschaft ist: Von seinem Leben geht Vergebung aus.

Das hat die Ehebrecherin erlebt, die – auf frischer Tat ertappt – von der Meute gelyncht werden sollte. „Wer unter euch ohne Sünde ist, werfe den ersten Stein auf sie!" (Joh 8,8)

Mit diesem Satz tritt Jesus für die Frau ein und verurteilt sie nicht!

Auch wir können Anteil haben an dieser Vergebung. Vergebung, die dort wirkt, wo wir den Teufelskreis von Tätern und Opfern durchbrechen. Offene Rechnungen mit Mitmenschen gibt es wohl noch viele. Aber wo wir aufhören, uns selbst nur als Opfers zu sehen, wo wir vor allem aufhören, andere zu Opfern zu machen, da wird die Vergebung mächtig, da werden Neuanfänge möglich.

Weihnachten fühlt sich heute ganz anders an als noch am Heiligabend. Und doch: Es ist noch Weihnachten. Nutzen wir die Festzeit als Zeit für Entdeckungen. Wer ist dieser Jesus, dessen Geburt wir feiern? Das Kind aus dem Stall ist nicht Kind geblieben. Es ist der Sohn Gottes geworden.

Er ist unser Prophet. Er ist unser König. Er ist unser Priester.

Er sitzt zur Rechten Gottes und wirkt gerade so mitten unter uns. Sein Wort zeigt uns den Weg, ist mächtig und heilsam, seine Vergebung macht Neuanfänge möglich. Darum lasst uns seinen Namen ehren. Denn wo wir seinen Namen geben, da werden wir wahrhaft menschlich.

2. Christus König

Offenbarung 1,4-8

Der Predigttext steht in der Offenbarung des Johannes. Ich lese aus dem ersten Kapitel die Verse vier bis acht:

4 Johannes an die sieben Gemeinden in der Asia: Gnade sei mit euch und Friede von dem, der ist und der war und der kommt, von den sieben Geistwesen, die vor seinem Thron sind, 5 und von Jesus Christus, dem treuen Zeugen, dem Erstgeborenen aus den Toten, dem Herrscher über die Könige der Erde. Ihm, der uns liebt und uns durch sein Blut von unseren Sünden erlöst hat, 6 der aus uns ein Königreich gemacht hat, eine Priesterschaft für Gott, seinen Vater, ihm sei die Herrlichkeit und die Herrschaft in alle Ewigkeit, Amen. 7 Siehe, er kommt mit den Wolken, und sehen wird ihn jedes Auge, auch die, welche ihn durchbohrt haben, und wehklagen über ihn werden alle Stämme der Erde. Ja, so sei es, Amen! 8 Ich bin das A und das O, spricht Gott, der Herr, der ist und der war und der kommt, der Herrscher über das All. (Zürcher Bibel 2007)

Es ist ein Kommen und Gehen, ein Aufsteigen und Hinabsteigen an diesem Himmelfahrtstag, fast wie seinerzeit in Jakobs Traum, als der die Boten Gottes die Himmelsleiter herab- und hinaufsteigen sah (Gen 28,12). Die Lesung aus der Apostelgeschichte, die wir eben gehört haben, erzählt, wie Jesus vor den Augen der Jünger emporgehoben und von

146

einer Wolke ihren Blicken entzogen wurde. Die Offenbarung kündigt an: „Siehe, er kommt mit den Wolken." (V. 7)

Wenn wir diesem biblischen Zeugnis glauben, dann bedeutet dies zuallererst: Die Geschichte Jesu Christi ist noch nicht zu Ende erzählt, sie endet nicht nebulös, endet nicht in einer Wolke, die alle Fragen und Erwartungen verschluckt, sondern da steht noch etwas aus.

Einer, der etwas Ordnung in dieses irdisch-himmlische Kommen und Gehen bringen wollte, war der altkirchliche Theologie Justin, genannt „der Märtyrer", der in der ersten Hälfte des 2. Jh. n. Chr. lebte. Justin sprach vom dreifachen Kommen Jesu Christi: vom Kommen im Fleisch, vom Kommen im Geist und vom Kommen in Herrlichkeit.

Jesus Christus wurde geboren als Mensch, ist gestorben, auferstanden und in den Himmel aufgefahren. Er ist im Heiligen Geist wirksam gegenwärtig bei seiner Gemeinde, erfahrbar im Wasser der Taufe sowie in den Zeichen von Brot und Wein. Seine Geschichte ist erst dann zu Ende erzählt, wenn er in seiner himmlischen Herrlichkeit in Erscheindung tritt, wenn alle Menschen, auch die, die jetzt noch nicht zu seiner Kirche gehören, ihn erkennen, wenn die Macht seiner Auferstehung alle Wirklichkeit durchdringt und alles Leben aus dem Tod reißt.

Was für eine großartige Vision ist das doch, die uns die Johannesoffenbarung hier zeigt, nachdem sich der Wolkennebel der Himmelfahrt gelichtet hat. Jesus Christus wird in Erscheinung treten. Er, der Zeuge Gottes vor uns Menschen, wird sichtbar als „Erstgeborener aus den Toten", ja sogar als „Herrscher über die Könige der Erde" (V 5).

Herrscher über die Könige der Erde? Ganz unverklausuliert wird hier ein Machtanspruch formuliert, der uns heute auch in anderem Zusammenhang schon begegnet ist, bei der Taufe. „Mir ist alle Macht gegeben im Himmel und auf Erden", sagt der Auferstandene, als er seine Jünger beauftragt zu taufen. Was hat es auf sich mit diesem Machtanspruch?

Mir scheint, wir haben uns angewöhnt, Jesus Christus als eine Art „König der Herzen" für religiöse Gemüter zu sehen. Ein guter Mensch, aber weitgehend harmlos. „Bin ich Jesus?", sagen die Leute mit mildem Spott, wenn sie andeuten wollen, dass sie eben keine naiven Gutmenschen sind. Und dass der Auferstandene Macht haben könnte, ist uns eher suspekt geworden.[4] Das klang auch einmal ganz anders, und wir haben eben diesen anderen Klang zu Anfang noch einmal intoniert. „Jesus Christus herrscht als König, alles wird ihm untertänig, alles legt ihm Gott zu Fuß." (EG 123,1)

Nur, welcher Art ist diese Macht, und wie ist sie erfahrbar?

Diese Frage stellt sich. Denn wer das Sagen hat in dieser Welt, das ist scheinbar beantwortet.

Was die Weltpolitik betrifft, so erleben wir, wie wir den Interessenslagen einiger weniger Großmächte ausgeliefert sind und wie sie die Einflusssphären unter sich aufteilen. Daran hat sich auch zwanzig Jahre nach dem Ende des Ost-West-Konflikts nichts geändert.

Und im Blick auf die Weltwirtschaft begegnen wir einem schier undurchschaubaren Geflecht anonym bleibender Kapitalgesellschaften, denen das Ergehen einzelner Nationalstaaten schlicht gleichgültig ist. Wo Restriktionen geplant werden, um den Einfluss oder gar die Abhängigkeit zu vermindern, flieht das Kapital in andere Regionen.

Während wir hier sitzen, räumen griechische Sparer ihre Konten leer, und die Finanzminister der Eurozone versuchen, die Währungsunion zu stabilisieren.

Ob das gelingt, und was das alles für uns bedeutet, das weiß wohl keiner so recht im Moment.

Da macht sich bei vielen Menschen ein tiefes Gefühl von Ohnmacht breit, die bisweilen in Wut umschlägt, weil der Eindruck überhandnimmt, anders überhaupt nichts mehr bewirken zu können.

„Es wird regiert", sagte der Theologe Karl Barth am Vorabend seines Todes seinem Freund Eduard Thurneysen am Telefon. Und fuhr fort: „Nur ja die Ohren nicht hängen lassen." Leichter gesagt als getan. „Es wird regiert!" In der Tat. Aber eben: von wem? Manche sprechen von der Macht des „Imperiums", wenn sie von den politischen Eliten der Europäischen Union sprechen – auch das ein Ausdruck völliger Hilflosigkeit.

Das Gefühl der Ohnmacht kennen wir allerdings auch in unserer Kirchengemeinde: Schon lange besteht für uns kein Monopol mehr auf die Deutung und Orientierung des Lebens. Der Abschied in den Pluralismus ist keineswegs nur leicht gefallen, auch wenn wir ihn als evangelische Kirche womöglich einfacher bewältigt haben. In unserer Gesellschaft sind wir immer noch gut zur „Wertevermittlung". So jedenfalls hören wir es von Politikerinnen und Politkern, weniger schon von Medienleuten. Als Dienstleister für Soziales gelten wir weitgehend als anerkannt und wohl auch einstweilen als unverzichtbar. Aber irgendwie scheint das alles nicht mehr so ganz zu stimmen und in unsere Zeit zu passen. Angesichts schwindender Finanzkraft macht sich bei Gemeindemitgliedern Verzagtheit breit. „Es wird regiert!" Jaja, heißt es dann: und wie! Die da oben im Presbyterium tun es: und tun es natürlich bar jeder Erkenntnis, wie es wirklich in den Gruppen und Kreisen zugeht. Viel Geschäftigkeit auch im Kirchenkreis und seinen Gremien gibt es, viele gute Ideen wollen umgesetzt werden. Doch die Resonanz, die diese Aktivitäten und Initiativen auslösen, ist eher gedämpft.

Auch der Apostel Johannes hat sich mit der Macht-Frage herumgeschlagen, als er auf der Insel Patmos die Offenbarung schrieb, seinen offenen Brief an die ganze Kirche Jesu Christi.

Die Gemeinden befanden sich in einem weitaus radikaleren Sinne als wir heute in prekärer Lage. Der zunehmende religiöse Totalitätsanspruch des römischen Imperiums zeigte sich darin, dass der

Kaiserkult mit aller Macht propagiert wurde. Und eines der Zentren der erzwungenen Kaiserverehrung war das Gebiet in Kleinasien, wo die Christen beheimatet waren, an die Johannes schreibt. Patmos war für ihn kein berauschender Dauerzustand, sondern eher ein zeitweiliger Rückzugsort, von dem aus es wieder mitten hinein in die bedrängenden Auseinandersetzungen um die Wahrheit des Glaubens ging.

Aber Patmos wurde für Johannes auch zum Ort der Vergewisserung. Und an solch einem Ort wäre ich manchmal schon gern: um auf eine unbeschreibliche, aber ergreifende Weise darin bestärkt zu werden, dass regiert wird: „nicht nur in Moskau oder in Washington oder in Peking, sondern es wird regiert, und zwar hier auf Erden, aber ganz von oben, vom Himmel her!", wie es Karl Barth am Telefon sagte. Vom Himmel her! Genau das erlebte Johannes in unruhiger Zeit und wurde zum Seher und zum Verkündiger einer anderen Wirklichkeit: Während der römische Kaiser damit befasst war, seine Allmacht religiös zu zementieren, erschien Johannes niemand Geringeres als der erhöhte Christus selber.

Seine Macht ist eine andere Macht als die in Washington, Peking oder Moskau. Seine Macht ist nicht die der Flugzeugträger und Interkontinentalraketen, nicht die Macht der Aktien und Goldreserven – aber darum nicht weniger mächtig.

Die Macht des auferstanden und in den Himmel aufgefahrenen Jesus Christus ist die Macht eines

151

Menschen, der zum Zeichen für Gottes Reich geworden ist.

An Gottes statt befreit er uns aus dem Bann der Vergangenheit und befreit uns aus Blockaden, in die wir uns immer wieder verstricken.[5]

Wie oft sind wir begrenzt und gefangen von Zielen und Plänen, die uns selbst vielleicht gar nicht ganz bewusst sind. Von Mythen unseres Lebens, die uns antreiben und uns bis in die Selbstzerstörung hinein antreiben können:

„Ich darf keine Fehler machen." – „Ich muss perfekt sein." – „Irgendwann werden die anderen merken, dass ich eigentlich gar nichts kann." – „Ich bin nur liebenswert, wenn die anderen mich gut finden."

So oder so ähnlich lauten die Leitsätze solcher zerstörerischen Mächte, denen unser Leben oft hilflos ausgeliefert ist. Es gibt sie auch im Leben von Gemeinschaften und Gesellschaften:

„Wir müssen eine lebendige Gemeinde sein." – „Wir müssen wachsen gegen den Trend." – „Wir dürfen uns die eigene Schwäche nicht eingestehen, auch wenn uns die Trauer niederdrückt." – „Wir dürfen eigene Fehler nicht eingestehen, weil wir die Scham nicht überleben würden."

Gegen solche Mächte hilft nur eins: Laut und deutlich die Macht des Auferstanden anrufen: „Siehe, er kommt mit den Wolken."

Im Lob seiner Macht erfahren wir seine Macht. Aus dieser Lebensmacht heraus können wir die Welt zum Wohl und zur Versöhnung aller mitgestalten, können für sie beten, wenn wir spüren, dass die eigenen Kräfte nicht ausreichen oder zu erlahmen drohen, und können die frohmachende Botschaft bezeugen, dass Gott diese Welt liebt. Deshalb nochmals Karl Barth in jenem Telefongespräch, als er wie als Vermächtnis sagte: „Bleiben wir doch zuversichtlich auch in den dunkelsten Augenblicken! Lassen wir die Hoffnung nicht sinken, die Hoffnung für alle Menschen, für die ganze Völkerwelt! Gott lässt uns nicht fallen, keinen einzigen von uns und uns alle miteinander nicht! - Es wird regiert!".

3. Jesus fremd

Lukas 14,25-33

„Sie brachten die Boote an Land, ließen alles zurück und folgten ihm", so endete das Evangelium des heutigen Sonntags, das ich eben vorgelesen habe. Doch eigentlich endet es natürlich nicht an dieser Stelle, sondern die Geschichte geht weiter.

Sie geht weiter damit, dass Petrus und die anderen Jünger Jesus nachfolgen. Wenn wir in der Kirche von „Nachfolge" oder auch von „Nachfolge Jesu" sprechen, dann klingt das vertraut. Die Nachfolgerinnen und Nachfolger Jesu, seine Jüngerinnen und Jünger, das sind doch wir heute, seine Gemeinde, die sich sonntags zum Gottesdienst versammelt und im Alltag der Woche so gut es geht ihr Christsein lebt. Nun ist das zweifellos richtig, und trotzdem geht von dem Predigttext, den ich ihnen jetzt vorlesen werde – um nicht zu sagen: vorlesen muss – eine Störung aus. Eine Störung unserer gewohnten Sonntags-Routine ebenso wie unseres Selbstverständnisses als Nachfolger Jesu im Alltag der Welt. Schlagen wir also das Lukasevangelium wieder auf, diesmal etwas weiter hinten in Kapitel 14.

Nach der Berufung des Petrus ist eine ganze Menge passiert. Jesus hat die Bergpredigt gehalten, hat die Jünger das Beten gelehrt, hat Menschen geheilt, einen Sturm gestillt und die Tochter des Jairus von den Toten aufgeweckt. Kein Wunder also, dass außer den zwölf Jüngern auch noch viele andere Leute mit ihm ziehen. Jesus, so scheint es, ist auf bestem Wege, ein erfolgreicher Wanderprediger zu werden. Einer, der sich vor dem Zuspruch der Menschen kaum retten kann. Darüber müsste er eigentlich froh sein. Doch dann hält er eine befremdliche Rede.

25 Es zogen aber viele Leute mit ihm. Und er wandte sich um und sagte zu ihnen: 26 Wer zu mir kommt und nicht Vater und Mutter, Frau und Kinder, Brüder und Schwestern und dazu auch sein eigenes Leben hasst, kann nicht mein Jünger sein. 27 Wer nicht sein Kreuz trägt und in meine Nachfolge tritt, kann nicht mein Jünger sein. 28 Wer von euch wird sich, wenn er einen Turm bauen will, nicht zuerst hinsetzen und die Kosten berechnen, ob er auch genug habe zur Ausführung. 29 Es könnten sonst, wenn er das Fundament gelegt, den Bau aber nicht fertig gestellt hat, alle, die es sehen, sich über ihn lustig machen: 30 Dieser Mensch hat zu bauen angefangen und war nicht in der Lage, es fertig zu stellen. 31 Oder welcher König wird sich, wenn er auszieht, um mit einem anderen König Krieg zu führen, nicht zuerst hinsetzen und überlegen, ob er imstande ist, mit zehntausend Mann dem entgegenzutreten, der mit zwanzigtausend Mann gegen ihn anrückt? 32 Andernfalls schickt er eine Gesandtschaft, solange jener noch weit weg ist, und bittet um Frieden. 33 So kann denn keiner von euch, der sich nicht von allem lossagt, was er hat, mein Jünger sein. (Zürcher Bibel 2007)

Eine befremdliche Rede hält Jesus. Befremdlich, weil er die große Menge der Menschen, die ihm buchstäblich nachfolgt, so offensichtlich vor den

Kopf stößt. Was ist in ihn gefahren, dass er, der doch ansonsten dafür bekannt ist, die Menschen bedingungslos anzunehmen, sie nun mit Forderungen konfrontiert. Noch dazu mit Forderungen, die nicht nur gegen die Natur, sondern – so scheint es – gegen Gottes Willen gehen. Vater und Mutter soll ich hassen? Jesus, hast du das fünfte Gebot vergessen? „Ehre deinen Vater und deine Mutter, damit du lange lebst auf dem Boden, den der HERR, dein Gott, dir gibt." (Ex 20,12) So steht es in der Bibel. Als gäbe es nicht genug Hass zwischen Eltern und Kindern, zwischen Schwestern und Brüdern! Als gäbe es nicht genug Menschen, die mit sich selbst im Streit liegen, die sich selbst nicht annehmen können, die sich selbst nicht und geschweige denn ihren Nächsten lieben können! „Wer zu mir kommt und nicht Vater und Mutter, Frau und Kinder, Brüder und Schwestern und dazu auch sein eigenes Leben hasst, kann nicht mein Jünger sein." Sollte Jesus am Ende einer von diesen Hasspredigern sein. Einer von denen, deren Telefonate man besser abhört, deren E-Mails man besser mitliest?

Eines dürfte klar sein: Jesus zeigt sich hier von einer ungewohnten Seite. Was er hier sagt, lässt sich nicht so ohne weiteres als Baustein einer durch und durch vernünftigen und aufgeklärten Moral verstehen, wie wir sie als evangelische Kirche so gerne vertreten. Religion sei der „gefährlichste mentale Stoff, den wir kennen", schrieb der Theologe Friedrich Wilhelm Graf vor einem Jahr in einer großen deutschen Wochenzeitung[6], und er hatte damit wohl nicht ganz unrecht. Denn das Fremdheitsgefühl gegenüber Jesus lässt sich auch durch allerlei Übersetzungsversuche nicht aus der Welt schaffen. Selbst wenn wir das Reizwort „hassen" durch „hintanstellen" ersetzen, wird Jesu Rede nicht weniger anstößig. Denn gerade das ist doch unsere alltägliche Erfahrung, dass Menschen in der Gemeinde, ehren- und hauptamtliche Mitarbeiterinnen und Mitarbeiter, ihre Familien hintanstellen, weil sie sich in der Gemeinde engagieren. Soll jetzt etwa Bedingung der Nachfolge sein, was wir aus guten Gründen überwinden wollen, weil wir als Kirche menschen- und familienfreundlicher werden wollen?

Sie spüren vielleicht auch: In dieser Rede Jesu steckt etwas drin, was uns herausfordert, weil es nicht glatt zur Deckung zu bringen ist mit unserer Lebenspraxis als Gemeinde und vor allem nicht mit unserem Bild von Jesus. In seiner Rede ist etwas Heißes und Drängendes zu spüren. Es geht in ihr um Unterscheidung und Aufbruch. Nach dieser Rede kann nicht jeder einfach so Jesu Jünger sein, sondern nur, wer seine Prioritäten neu setzt, wer umkehrt, wer Altes hintanstellt und bereit ist, sich die Nachfolge etwas kosten zu lassen. Überlegt euch gut, ob es euch das wert ist! So könnte man die beiden Gleichnisse vom Turmbauen und Kriegführen übersetzen, die Jesus zur Veranschaulichung in seiner Rede erzählt. Überlegt euch gut, ob ihr die Kosten der Nachfolge zu tragen bereit seid, oder ob ihr lieber bei eurem alten Leben bleibt. Ehrlich gesagt: Eine volksmissionarische Strategie sieht anders aus. Und: Halten wir das überhaupt noch aus? Wir, die wir uns Schwestern und Brüder Jesu nennen, dass er uns so fordernd gegenübertritt?

Dass er einmal nicht uns und unsere Lebensentwürfe bestätigt? Es ist ja richtig: Der Adressatenkreis, an den sich Jesus damals richtete, bestand aus ziemlich anderen Menschen als uns heute. Es dürften wohl damals nicht allzu viele Wohlhabende dabei gewesen sein. „Keiner von euch, der sich nicht von allem lossagt, was er hat", kann mein Jünger sein, sagt Jesus. Wer sowieso wenig zu verlieren hat, hört das leichter, als Menschen aus der deutschen Mittelschicht, die eine Menge zu verlieren haben. Aber wie wir es auch drehen und wenden: Jesu Wort bleibt eine Zumutung. Der Stein des Anstoßes lässt sich nicht ganz aus dem Weg räumen. Dafür sind wir selbst als bürgerliche Gemeinde am Beginn des 21. Jahrhunderts noch viel zu tief verwurzelt in der Sprache und Vorstellungswelt der Bibel. Nicht zufällig sprechen auch wir heute noch von Nachfolge. Und das ist auch gut so, denn solange wir so reden, müssen wir uns mit den Ansprüchen Jesu auseinandersetzen, auch wo sie uns fremd anmuten. Also, nocheinmal, wir spüren: Da ist etwas Heißes, etwas Drängendes in der Rede Jesu, dem wir mit unserer Lebensform heute nicht gerecht werden. Vielleicht können wir dem nicht gerecht werden, weil unsere Lebensform so anders geworden ist, schon rein äußerlich.

Wir sprechen von Nachfolge und bleiben doch in unseren Bänken sitzen (auch wenn diese mittlerweile etwas unbequem geworden sind). Seit dem 17. Jahrhundert tun wir das, seit die Bänke in den Kirchen Einzug hielten. Wäre es nicht an der Zeit aufzustehen, liebe Schwestern und Brüder? Wenn Menschen sich setzen, dann setzt sich auch etwas in ihnen. Und wenn Menschen aufstehen und gehen, dann kommt etwas in ihnen in Bewegung. Darum ist es ein bisschen verrückt, vor sitzenden Menschen von der Nachfolge zu reden und ihnen zu wünschen, es möge ihnen gut gehen. Aber vielleicht sind wir auf den zweiten Blick doch weniger unbeweglich als es scheint.

Denn wir haben uns ja auf den Weg gemacht. In den vergangenen zwei Jahren haben sich viele Menschen mit ihren Gruppen auf den Weg zu neuen Orten in unserer Gemeinde gemacht. Sie haben sich äußerlich auf den Weg gemacht. Und mit diesem äußeren Aufbruch bietet sich uns auch die Gelegenheit zu einem inneren Aufbruch. „Wer aufbricht, der kann hoffen in Zeit und Ewigkeit", so heißt es in dem Lied „Vertraut den neuen Wegen" aus dem Jahr 1989. Wir sind es gewohnt, die Reihenfolge eigentlich anders zu sehen: Wer hofft, der kann aufbrechen. Das ist nicht falsch, aber manchmal ist es auch andersherum: Wer aufbricht, der kann hoffen. Manchmal steht die Handlung vor der Haltung, und die Hoffnung stellt sich auf dem Weg ein, weil wir spüren: Es tut gut, Abstand zu nehmen von Beziehungen und Strukturen, in denen wir seit langem verortet gewesen sind. Es tut gut, aufzubrechen aus Gewohntem und Bequemen, in neue Räume vorzudringen und Unterbrechungen zu wagen. Unterbrechungen, die wie Risse im Asphalt sind, in denen dann die Blume der Hoffnung blüht.

Das geschieht zum Beispiel, wenn Jugendliche ihr Elternhaus verlassen, ihre Familien und ihre Clique, um für ein Schuljahr loszuziehen in ein fremdes Land. Dort finden sie oft eine beglückende, eine ungeahnte Freiheit. Als „unbeschriebenes Blatt" können sie sich neu entdecken, weil sie erst einmal raus sind aus allen gesellschaftlichen und familiären Verpflichtungen, raus aus Schule, Sport- und Schützenverein, aus Kirchengemeinde und Clique. Verändert kehren sie eines Tages zurück, hinterfragen, was vorher selbstverständlich erschien und fordern nicht selten Veränderungen ein. Ich glaube, dass Jesus etwas Ähnliches für seine Jünger im Blick hat. Er möchte uns herauslösen aus Strukturen und Beziehungen, die unser Leben bestimmen. Vielleicht ist seine Rede deshalb so schroff, weil er weiß: Das geht nicht so einfach. Das geht nur mit starkem Willen und ist verbunden mit großen Gefühlen. Aber solche Menschen braucht die Sache Jesu: Menschen, die aufbrechen, die sich bewegen lassen, das Selbstverständliche und Althergebrachte zu verlassen, weil sie neue Hoffnung schöpfen wollen. Es kann sein, dass wir uns als Gemeinde in Zukunft nie wieder so fest in Häusern verorten können, wie wir das in der Vergangenheit getan haben. Es kann sein, dass wir Heimat in Zukunft vor allem in der Liebe Gottes und in der Freundschaft der Menschen finden. Im Sinne der Rede Jesu wäre das wohl kein Schaden, sondern eine Gelegenheit zur Nachfolge. Vielleicht ist er es ja, der uns heute ruft und uns ermutigt, noch einmal alles auf eine Karte zu setzen, denn wer aufbricht, der kann hoffen in Zeit und Ewigkeit.

160

4. Ich steh' an deinem Kreuz

Evangelisches Gesangbuch 556

1. Ich steh an deinem Kreuz, Herr Christ,
und seh dein Bildnis an
und weiß: was hier geschehen ist,
das hab ich dir getan.

Eigentlich ist diese Liedstrophe, die wir gerade gesungen haben, doch eine Zumutung. „Ich steh an deinem Kreuz", das kann man zwar hier in der Petruskirche zu Recht sagen und singen. Das Kreuz hier ist unübersehbar und prägt den Raum. Doch diese Ortsangabe am Beginn der ersten Strophe bleibt ja nicht bei unserem Kirchenraum stehen, sondern sie zielt darüber hinaus auf eine Gewalttat, auf den Justizmord an dem Lehrer, Heiler und Poeten Jesus von Nazareth, der um das Jahr 30 hingerichtet wurde. Hingerichtet wegen eines öffentlichen Aufruhrs am Tempel, den er im Übrigen selbst herbeigeführt hatte.

„Was hier geschehen ist, das hab ich dir getan", kann man unschuldige Menschen auffordern, das so zu sagen oder zu singen? Fordern wir nicht mit dieser ersten Strophe ein Schuldeingeständnis voneinander, das weit über alles hinausgeht, was wir uns tatsächlich vorzuwerfen haben?

Es ist zweifelsfrei klar, dass wir nicht die faktischen Verursacher des Todes Jesu sein können – niemand von uns war damals dabei. Es kann also hier gar nicht um die Verursachung des Todes Jesu gehen. Worum geht es aber dann?

Es geht um die Deutung unseres Handelns heute. Es geht um die möglichen oder tatsächlichen Folgen unseres eigenen Handelns. Es geht darum, dass wir weniger harmlos sind als wir denken. Und damit geht es um unsere Sicht auf uns selbst und auf den Menschen, kurz: es geht um unser Menschenbild, das auf dem Spiel steht.

Trotzdem oder gerade deswegen steht die Frage im Raum: Dürfen wir uns, darf ich ihnen ein solches Schuldeingeständnis im Lied zumuten? Ja, schärfer noch gefragt: Ist es nicht geradezu gewalttätig, ein Vergehen an unserem Selbstbild, wenn wir singen: „Was hier geschehen ist, das hab ich dir getan?"

Diese Frage hat der Psychoanalytiker Tilmann Moser in seinem 1976 erschienenen Buch „Gottesvergiftung" gestellt. Es ist eine wuterfüllte Auseinandersetzung mit seiner religiösen Erziehung und einem bedrohlichen Gottesbild, das ihm als Kind vermittelt wurde, auch und gerade durch die Kirchenlieder.

Moser spricht den Gott seiner Kindheit direkt an: „Daß du vor zwei Jahrtausenden deinen Sohn hast opfern müssen, wurde natürlich ein Teil meines Schuldenkontos. ... Ich war mitschuldig am Leiden Christi, weil du für mich ihn glaubtest kreuzigen lassen zu müssen: so schlecht war ich von Geburt an!"[7]

Ist das also die Botschaft unseres Liedes, dass wir uns schlecht fühlen müssen?

Ich glaube, es ist tatsächlich ein mögliches Missverständnis. Wer wie Tilmann Moser einen Missbrauch seiner Gefühle erleben musste, wem monströs übersteigerte Schuldgefühle vermittelt wurden zum Zwecke der besseren Manipulierbarkeit, der wird solche Lieder niemals arglos singen können. Wo der Missbrauch menschlicher Gefühle, gerade auch der Schuldgefühle, sich als christliche Erziehung tarnt, da ist tatsächlich unser entschiedener Widerstand gefragt. Da darf es kein Wegsehen und keine Beschwichtigung geben. Und darum ist Tilmann Mosers Einspruch gegen Manipulation durch Schuldgefühle gerade in seiner Wut, die auf jeder Seite des Buches spürbar ist, bleibend wichtig für uns, ein prophetischer Einspruch von außen.

Und wenn sie auch diese Wut in sich spüren, wenn sie am liebsten sagen würden: Lass mich in Ruhe mit diesem Kreuz, mit seiner Übermacht, mit diesem Bildnis von Scheitern und Schuld, ich brauche andere Bilder für mein Leben – dann tun sie das. Seien sie wütend, seien sie empört, weisen sie alle Schuld weit von sich. Niemand hier soll Schuld bekennen, die er nicht trägt. Niemand hier soll dazu verführt werden, schlecht von sich zu denken. Niemand hier soll sich genötigt fühlen, etwas zuzugeben, was er nicht getan hat.

Damit liegt die Risikoseite unseres Liedes offen zutage. Warum wir es trotzdem heute singen und darüber nachdenken, warum wir es nicht einfach in den Giftschrank stellen und mit gelben Warntafeln versehen – Achtung, Lebensgefahr! – für immer von den Menschen fernhalten, das muss gut begründet sein.

Der wichtigste Grund für mich liegt darin, dass das Bekenntnis der Schuld frei macht, ja selbst schon ein Akt der Freiheit ist. Ich rede jetzt nicht von manipulierten Gefühlen, sondern davon, dass Menschen aussprechen können, was sie verschwiegen und verdrängt haben, was sie nicht wahrhaben wollten, was aber doch ihr Leben beeinträchtigt hat. Das Bekenntnis der Schuld befreit, wenn es denn stimmt, was der Beter in Ps 51, den wir eben gesprochen haben, sagt:

„Ich erkenne meine Missetat, und meine Sünde ist immer vor mir."

Dieses Ich kann nicht ersetzt oder umgangen werden. Nur ich selbst kann Schuld eingestehen und um Vergebung bitten. Niemand kann sich anmaßen, mir zu sagen, wofür ich um Vergebung zu bitten hätte.

Die biblische Geschichte, die diesen Zusammenhang wie keine andere widerspiegelt, haben wir eben in der Lesung gehört[8]. König David verliebte sich in Batseba, die Frau Urias. Und der König nahm sich Batseba, weil er meinte, dies sei sein Recht als König. Um den lästigen Ehemann Uria loszuwerden, schickte David ihn in den Krieg, wo er prompt fiel. Vorderhand ging der Plan des Königs also perfekt auf. Bis ihn der Prophet Nathan aufsuchte und ihm eine Geschichte erzählte. Die Geschichte vom Reichen mit den vielen Schafen, der dem Armen das eine Schaf nimmt, das er hat. David empört sich und spricht ein Urteil: „Der

164

Man ist ein Kind des Todes, der das getan hat." Darauf sagt Nathan: „Du bist der Mann!"

David spricht sich sein eigenes Urteil. Die Geschichte, die Nathan ihm erzählt, wird unversehens zu seiner eigenen Geschichte. David findet sich in ihr wieder, kann sich von dieser Geschichte und von seinem eigenen Urteil über den Mann in der Geschichte nicht mehr distanzieren. Er erkennt seine Schuld und spricht sie aus:

„Gott, sei mir gnädig nach deiner Güte, und tilge meine Sünden nach deiner großen Barmherzigkeit."[9]

Auch die Geschichte von Jesu Leiden und Sterben am Kreuz ist wie die kleine Geschichte, die Nathan David erzählt, eine Geschichte, in der wir uns wiedererkennen können.

Ich sage bewusst: wiedererkennen können und nicht müssen!

Sie gehört in den großen Zusammenhang der Erzählungen vom richtenden und rettenden Handeln Gottes an seinem Volk und an den Menschen.

2. Du kamst aus deines Vaters Haus
zur Welt und suchtest mich,
ich aber, Herr, ich stieß dich aus,
ans Kreuzholz schlug ich dich.

Der Lieddichter Arno Pötzsch schrieb diese Zeilen irgendwann zwischen 1948 und seinem Tod im Jahr 1956. Sie wurden postum veröffentlicht im Jahr 1962.

Pötzsch, 1900 in Leipzig geboren, war zunächst Erzieher, ab 1938 Marinepfarrer in Cuxhaven, wo er auch ab 1948 wieder als Pfarrer lebte.

Knüpfte bereits die erste Strophe sprachlich an das Weihnachtslied „Ich steh an deiner Krippen hier" an, so schlägt auch die zweite einen Bogen zwischen Krippe und Kreuz. Jesu Sendung vom Vater zu den Verlorenen, die Ablehnung durch die Menschen, hier klingt unverkennbar die Stimme des Evangelisten Johannes durch:

„Er kam in sein Eigentum; und die Seinen nahmen ihn nicht auf."[10]

Zugleich greift Pötzsch mit der zweiten Strophe einen Gedanken auf, den Dietrich Bonhoeffer in seinen Briefen und Aufzeichnungen aus der Haft so formulierte:

„Gott läßt sich aus der Welt hinausdrängen ans Kreuz, Gott ist ohnmächtig und schwach in der Welt, und gerade nur so ist er bei uns und hilft uns."[11]

In diesem Bild von Gott, der sich aus der Welt hinausdrängen lässt ans Kreuz, verarbeitet Bonhoeffer die Erfahrung des Krieges. Das Böse triumphiert, schreitet in Blitzkrieg und Vernichtungskrieg im Osten scheinbar unaufhaltsam von Sieg zu Sieg, findet seinen tiefsten Abgrund im Holocaust, in der Verfolgung und Ermordung von Millionen Juden. Das Gute verschwindet nach und nach aus der Welt und niemand kann es verhindern. Da ist auch kein Gott, der dem Bösen in den Arm fällt, der dem sich immer schneller drehenden Weltrad in die Speichen greift.

166

Manch einer hätte sich vielleicht damals einen all-mächtigen Gott gewünscht. Allmächtig in dem Sinne, dass er dem Morden ein Ende macht und menschliche Schuld ganz unmittelbar bestraft. Doch diesen Rachegott gibt es nicht. Güte, Wahrheit, Schönheit und Liebe stehen vielmehr ohn-mächtig vor der Gewalt. Die Zeugen der Wahrheit werden getötet wie Jesus, wie die Geschwister Scholl, wie Bonhoeffer selbst.

Vor diesem Hintergrund bekommt die zweite Strophe einen ganz anderen Klang. Es sind wahrlich keine eingebildeten Schuldgefühle, die hier zur Sprache kommen, sondern das echte Bekenntnis der Schuld, das ein Weiterleben überhaupt erst er-möglicht. Erstmals bekannt wurde diese Schuld 1945 im Stuttgarter Schuldbekenntnis. Der Rat der Evangelischen Kirche in Deutschland sprach es gegenüber Vertretern des Ökumenischen Rates der Kirchen aus:

„Durch uns ist unendliches Leid über viele Völker und Länder gebracht worden."

Es klingt wie ein Kommentar dazu, wenn Arno Pötzsch, der ehemalige Marinepfarrer und Kriegs-teilnehmer dichtet:

Ich aber, Herr, ich stieß dich aus,
ans Kreuzholz schlug ich dich.

Damit bekannte er nicht nur seine individuelle Schuld, sagte nicht nur: Ich war auch dabei, war auch Teil dieser Schuldgeschichte. Er schenkte

darüber hinaus auch der Kirche im Nachkriegs-
deutschland eine Möglichkeit, gemeinsam ihre
Schuld zu bekennen. Er wurde zum Wegbereiter
eines Neuanfangs, gerade auch in den Beziehungen
zu den anderen Kirchen und Völkern der Welt,
indem er es aussprach:

Wir waren eigensinnig und verschlossen.

3. Ging eignen Weg verschlossnen Sinns,
wollt Gottes Weg nicht gehn,
verriet dich, Herr: ja, Herr, ich bins,
durch den dir Leids geschehn.

Die Eigensinnigkeit, um die es hier geht, ist nicht
zu verwechseln mit der Selbstbestimmung von
Menschen, die nach bestem Wissen und Gewissen
ihr eigenes Leben verantworten. Es geht hier um
Arroganz in des Wortes ursprünglicher Bedeutung:
Wenn Menschen niemanden mehr fragen, auf niemanden mehr hören, ihre Augen und Ohren für die
Stimme der anderen ganz verschließen, weder auf
Gott noch auf Menschen etwas geben, dann streben sie „verschlossenen Sinns" in den Untergang.
Aus den letzten Tagen des Krieges gibt es unzähli-
ge Geschichten von Menschen, die in vollkomme-
ner Verblendung sich und andere in den Tod gerissen haben, obwohl das Ende schon vor der Tür
stand.

Bernd Eichingers Film „Der Untergang" liefert den
Nachgeborenen die Bilder für diese tödliche Ver-
schlossenheit: Der sogenannte Führer und seine
Getreuen bunkern sich unter der Erde ein und gehen in wahnhafter Verblendung ihren Weg in den

168

Tod, nachdem sie Tod und Zerstörung über die halbe Welt gebracht haben.

Solche Eigensinnigkeit, die weder auf Gott noch die Menschen etwas gibt, gibt es leider immer noch. Sie tritt offen zutage im Machtstreben von Politikern, die mit Hilfe offensichtlicher Lügen Grenzen verschieben. Sie betrifft aber auch uns, wo wir meinen, auf andere Menschen nicht mehr angewiesen zu sein, alles selbst am besten zu wissen.

Der Zusammenhalt in unserer Gesellschaft wird aufgezehrt durch eine grassierende Selbstgerechtigkeit, in der manche ein Leben lang wie die Kinder sagen: Ich war's nicht. Der andere ist schuld. Und so darf ein verurteilter Steuersünder wie Ulli Hoeneß schon als Muster von Anstand gelten darf, weil er seine Strafe akzeptiert.

„Ja, ich bin's." Vielleicht sollten wir diesen Satz einfach wieder in unseren aktiven Wortschatz aufnehmen – als Schuldbekenntnis gegenüber Gott, aber auch gegenüber unseren Mitmenschen.

4. Nun steh ich hier mit meiner Schuld
und weiß nicht aus noch ein
und weiß nur dich und deine Huld.
Ach, Herr, erbarm dich mein!

Nicht mehr aus noch ein wissen, aus dieser ausweglosen Situation führt kein anderer Weg mehr als die Flucht in die Bitte: „Ach, Herr, erbarm dich mein!"

Gegen übertriebene Schuldgefühle gibt es ein probates Mittel. Es besteht darin, die Grenzen des eigenen Gewissens einfach etwas auszuweiten und

169

die Probe aufs Exempel zu machen, ob sich damit leben lässt. Dietrich Bonhoeffer, der als Agent des militärischen Nachrichtendienstes wohl manche Dinge tat, die er sich zuvor nicht hätte träumen lassen, befand: Ein schlechtes Gewissen kann ein starkes Gewissen sein. Mit einem schlechten Gewissen lässt sich unter Umständen ganz gut leben. Mit Schuld hingegen lässt sich nicht gut leben, denn sie trennt uns von Gott und den Menschen.

Schuld, das ist eine Last, die nicht tragbar ist, das Böse, das nicht wiedergutzumachen ist. Blut, das vergossen wurde und nun zum Himmel schreit. Menschen, die geopfert wurden für Macht und Geld und nun schmerzlich vermisst werden. Aber auch kulturelle Güter, die zerstört wurden und nun unwiederbringlich verloren sind.

Was geschieht, wenn für das alles niemand bezahlen kann?

Muss dann der Kreislauf der Gewalt von vorne losgehen, immer und immer wieder?

Ich möchte nicht in einer Welt leben, in der es aus dieser Situation keine Rettung gibt, die einfache Bitte, die uns doch so schwer über die Lippen kommt:

Ach, Herr, erbarm dich mein!

Diese Bitte unterbricht die Gewalt. Sie ist ein Durchbruch in die Freiheit der Kinder Gottes und der Anfang neuer Verantwortung. Ich muss eben nicht vergehen vor lauter Scham, auch wenn ich einen Fehler gemacht habe. Ich kann es zugeben, auch wenn es schwerfällt, denn es gibt ein Leben nach der Scham, es gibt einen neuen Anfang, egal wie groß die Schuld ist.

Ein Beispiel für einen solchen neuen Anfang in der Geschichte unseres Landes erfüllt mich mit besonderer Dankbarkeit.

Seit 1999 werden im Abraham Geiger Kolleg an der Universität Potsdam wieder Rabbiner und Kantoren ausgebildet. 54 Jahre nach dem Ende des Krieges und 57 Jahre nach der Wannsee-Konferenz, bei der nur 20 Autominuten entfernt von der heutigen Hochschule die Vernichtung der Juden beschlossen wurde, werden wieder jüdische Geistliche und Musiker in Deutschland ausgebildet. Das ist nichts, was wir verdient hätten. Das ist Vertrauen, das uns geschenkt wird, ein neuer Anfang nach der Schuld. Nicht nur auf die Schuld, sondern auch auf den neuen Anfang weist uns das Kreuz hin. Die fünfte und letzte Strophe knüpft an die erste an und spitzt polar zu: Gott zahlt mir nicht mit gleicher Münze heim. Meine Aktion wird zu seiner Passion. Gott behauptet sich nicht gegen mich, sondern lässt sich von mir verneinen. Er gibt mir mein Nein nicht zurück, sondern nimmt es auf sich und behält es bei sich – und besiegelt so das Ja, das er vor aller Zeit zu mir gesprochen hat: „Das hast du mir getan."

5. Ich steh an deinem Kreuz, Herr Christ,
und seh dein Bildnis an
und weiß: was hier geschehen ist,
das hast du mir getan.

5. Opfer

Jesaja 53,1-12

1 Aber wer glaubt dem, was uns verkündet wurde, und wem ist der Arm des HERRN offenbart? 2 Er schoss auf vor ihm wie ein Reis und wie eine Wurzel aus dürrem Erdreich. Er hatte keine Gestalt und Hoheit. Wir sahen ihn, aber da war keine Gestalt, die uns gefallen hätte. 3 Er war der Allerverachtetste und Unwerteste, voller Schmerzen und Krankheit. Er war so verachtet, dass man das Angesicht vor ihm verbarg; darum haben wir ihn für nichts geachtet. 4 Fürwahr, er trug unsre Krankheit und lud auf sich unsre Schmerzen. Wir aber hielten ihn für den, der geplagt und von Gott geschlagen und gemartert wäre. 5 Aber er ist um unsrer Missetat willen verwundet und um unsrer Sünde willen zerschlagen. Die Strafe liegt auf ihm, auf dass wir Frieden hätten, und durch seine Wunden sind wir geheilt. 6 Wir gingen alle in die Irre wie Schafe, ein jeder sah auf seinen Weg. Aber der HERR warf unser aller Sünde auf ihn. 7 Als er gemartert ward, litt er doch willig und tat seinen Mund nicht auf wie ein Lamm, das zur Schlachtbank geführt wird; und wie ein Schaf, das verstummt vor seinem Scherer, tat er seinen Mund nicht auf. 8 Er ist aus Angst und Gericht hinweggenommen. Wer aber kann sein Geschick ermessen? Denn er ist aus dem Lande der Lebendigen weggerissen, da er für die Missetat meines Volks geplagt war. 9 Und man gab ihm sein Grab bei Gottlosen und bei Übeltätern, als er gestorben war, wiewohl er niemand Unrecht getan hat und kein Betrug in seinem Munde gewesen ist. 10 So wollte ihn der HERR zerschlagen mit

Krankheit. Wenn er sein Leben zum Schuldopfer gegeben hat, wird er Nachkommen haben und in die Länge leben, und des HERRN Plan wird durch seine Hand gelingen. 11 Weil seine Seele sich abgemüht hat, wird er das Licht schauen und die Fülle haben. Und durch seine Erkenntnis wird er, mein Knecht, der Gerechte, den Vielen Gerechtigkeit schaffen; denn er trägt ihre Sünden. 12 Darum will ich ihm die Vielen zur Beute geben und er soll die Starken zum Raube haben, dafür dass er sein Leben in den Tod gegeben hat und den Übeltätern gleichgerechnet ist und er die Sünde der Vielen getragen hat und für die Übeltäter gebeten. (Lutherbibel 1984)

Es ist Karfreitag und wir gedenken des Todes Jesu. Unter den Millionen und Abermillionen Toten der Weltgeschichte, an die sich keiner mehr erinnert, gedenken wir des einen. Wir gedenken durchaus der Toten in unseren Häusern und auch in unseren Gotteshäusern. Die Kalender dieser Welt sind voll mit Lebens- und Sterbedaten von großen Männern und Frauen, von Politikern und Wissenschaftlerinnen, von Sportlern und Schriftstellerinnen. In unseren privaten Kalendern und vor allem in unseren Herzen stehen die Lebens- und Sterbedaten unserer Lieben.

Doch wenn wir dieses einen gedenken, dann wird es still, sogar heute noch nach 2000 Jahren. Es ist eine Stille gegen wachsenden Protest. Gleichwohl, wenn wir dieses einen gedenken, dann schweigen die Glocken und verlöschen die Kerzen.

Warum ist das so? Was macht ihn so besonders? Was bedeutet uns sein Tod?

Von dieser Frage waren die ersten Christen tief bewegt. Sie suchten ihre Antworten in der Bibel und wurden fündig im Buch des Propheten Jesaja. Er skizziert eine Figur, den Knecht Gottes. Dieser Knecht, wir würden heute sagen: dieser Diener Gottes, ist eine erschreckende Gestalt, wenn man überhaupt von einer Gestalt reden kann.

Er sieht aus „wie ein Reis und wie eine Wurzel aus dürrem Erdreich. Er hatte keine Gestalt und Hoheit. Wir sahen ihn, aber da war keine Gestalt, die uns gefallen hätte." (V. 2)

In dieser namenlosen Schreckensfigur erkennen die ersten Christen ihren Jesus wieder. Im Bild dieses unansehnlichen Menschen, das Jesaja in seinem Buch malte, erkennen sie den Gekreuzigten. So erniedrigt und zerschlagen, so von Verachtung und Schmerzen verunstaltet wie dieser war doch auch unser Jesus am Ende seines Lebens. Er starb auch als einer, von dem die Menschen ihren Blick abwandten. Schau da nicht hin, sagten die Mütter zu ihren Kindern und drängten sie weiterzugehen, als Jesus durch die engen Gassen Jerusalems sein Kreuz vor die Stadt trug. Schau da nicht hin, denn so sieht einer aus, dem sie seine Würde genommen haben, der, wiewohl noch am Leben, doch eigentlich schon zu den Toten gehört. „Dead man Walking", der da geht, mehr tot als lebendig, ist ein Ausgestoßener, der schon nicht mehr zu uns gehört.

In dieser namenlosen Schreckensfigur des Jesaja, im Bild dieses unansehnlichen Menschen erkannten die ersten Christen ihren Jesus. So einen hat doch der Jesaja schon einmal beschrieben in seinem Buch, sein Geschick teilt unser Jesus. Jesus, der Knecht, der Diener Gottes. Doch nicht nur Jesus passt ins Bild dieser namenlosen Schreckensfigur des Jesaja. Das Bild des unansehnlichen Menschen, das Jesaja skizziert, ist wie ein Urbild, das viele Abbilder nach sich zieht bis auf den heutigen Tag.

Immer wieder gibt es Menschen, die es knüppeldick abbekommen, die es irgendwie schaffen, den Müll der anderen, den ganzen Hass und die Prügel auf sich zu ziehen, und die dann, nachdem das so geschehen ist, nicht mehr gut aussehen.

Da ist die 6-jährige Evelyn, die mit ihrer Mutter und 12 Geschwistern auf der Müllhalde von Cebu City auf den Philippinen lebt. Evelyn möchte eigentlich viel lieber zur Schule gehen, aber ihre Mutter braucht ihre Hilfe beim Sammeln von Metallteilen und Flaschen, um die Familie zu ernähren. Zwischen 70 Cent und einem Euro verdient Evelyn an einem Tag. Zusammen mit den Essensresten, die sie und ihre Geschwister im Müll finden, reicht das gerade so zum Überleben. Evelyn leidet häufig unter Durchfall und Fieber. Sie ist ein hübsches Kind und sieht doch am Ende eines langen Tages im Müll nicht mehr gut aus.

Am Palmsonntag erstürmen Demonstranten mehrere Verwaltungsgebäude im ostukrainischen Slawjansk. Es gibt Tote und Verletzte. Die Lage ist unübersichtlich. In Charkiw geraten Gegner und Anhänger eines Referendums aneinander. Das Bild der Agentur Reuters zeigt zwei Männer, die sich in den Eingang einer Metrostation geflüchtet haben. Der eine ist Mitte 40, der andere deutlich jünger, vielleicht Anfang 20. Beide haben stark blutende Platzwunden am Kopf. Ihre Gesichter sind schmerzverzerrt, ihre Kleidung ist blutbesudelt. Die beiden haben Prügel bezogen, von wem auch immer, und sie sehen nicht gut aus.

Immer wieder gibt es Menschen, die es knüppeldick abbekommen, die es irgendwie schaffen, den Müll der anderen, den ganzen Hass und die Prügel auf sich zu ziehen, und die dann, nachdem das so geschehen ist, nicht mehr gut aussehen.

Wir leben in einer Welt, die immer neue Opfer produziert.

Das unvorstellbare Wohlstandsgefälle zwischen dem reichen Norden und dem armen Süden macht es zu einem guten Geschäft, auch unseren Müll Menschen wie Evelyn vor die Füße zu kippen.

Politiker, die sich nur stark fühlen, wenn andere schwach sind, streben nach Macht und brauchen dafür Ohnmächtige, Menschen, die den Kopf hinhalten für ihre Träume von Größe und Einfluss.

Wir sehen die Bilder dieser Opfer in unseren Medien und erschrecken. In den Bildern der Geschlagenen und Verachteten erkennen wir: So funktioniert unsere Welt. Wir sehnen uns nach anderen Bildern, nach Bildern vom guten und heilen Leben, und ahnen doch im Angesicht der Opfer: Wir könnten an ihrer Stelle stehen.

Es ist mehr Zufall als Verdienst, dass wir nicht auf einer Müllkippe auf den Philippinen geboren wurden oder in der Ukraine um unsere politische Selbstbestimmung kämpfen müssen. Ohne eigenes

Verdienst stehen wir auf der Gewinnerseite in einer Welt, die erst im Bild der Opfer, im Bild der Geschlagenen und Verachteten, ihr ganzes, ihr wahres Gesicht zeigt. Sie tragen unsere Krankheit, die Krankheit der Welt, Gier und Egoismus, und sie laden auf sich unsere Schmerzen, den Schmerz der Welt, die Verachtung, die die Machtlosen und Namenlosen ausgrenzt.

Manchmal eröffnet das Bild der Opfer neue, heilsame Möglichkeiten, weil Menschen erschrecken und sagen: So kann es doch nicht weitergehen, wir richten uns ja zugrunde. Manchmal löst das Bild der Opfer einen heilsamen Schock aus, unterbricht die Routine der Welt, die schon immer so gewesen ist.

Im Tod Jesu haben Menschen erkannt: So kann es nicht weitergehen zwischen uns und Gott. Da kommt einer und reißt die Barrieren ein, die zwischen Gott und seinen Geschöpfen errichtet wurden. Er stürmt den Himmel mit nichts in der Hand als seinem Vertrauen und stört damit die fein austarierte Ordnung zwischen weltlicher und geistlicher Herrschaft am Tempel von Jerusalem. Menschen fassen neues Vertrauen ins Leben und werden gesund, doch die Mächtigen stehen blamiert da. Ihre Ansprüche auf Geltung gehen ins Leere, weil die Menschen an ihnen vorbei Glauben finden und heil werden. Wenn es wirklich das ist, was bestraft werden muss, sogar mit dem Tod am Kreuz, dann ist die Welt dem Untergang geweiht – es sei denn, es geschieht etwas ganz Unerhörtes.

Es ist Karfreitag und wir gedenken des Todes Jesu. Menschen haben ihn mit ihrem Hass zum Opfer gemacht. An ihm sehen wir wie an den Opfern unserer Tage, wohin Hass führt, wie tödlich die Krankheit der Welt ist und wie groß ihr Schmerz.

Es sind damals wie heute die Bilder der Opfer die Menschen sagen lassen: So kann es nicht weitergehen. Wir müssen uns an einen Tisch setzen und miteinander reden, anstatt immer neue Opfer zu produzieren. Wir müssen die Kommunikationskanäle offenhalten, anstatt einfach nur aufeinander einzuschlagen. Wir müssen Lösungen finden für das Leid der Ohnmächtigen, anstatt unsere Augen vor ihnen zu verschließen.

Es ist Karfreitag und wir gedenken des Todes Jesu, weil Gott auf das Opfer Jesu schaut und sagt: So kann es nicht weitergehen. Soviel Einsamkeit und soviel Hass, soviel Strafe und soviel Verwundung sollen nicht mehr sein. Ab jetzt sollen die Menschen leben, weil ich für sie da bin. Keiner muss mehr auf Kosten anderer leben, weil genug für alle da ist. Weil alle aus meiner Gnade leben können. Keiner muss perfekt sein, weil ich auch das Unvollkommene, das Verwundete für schön erkläre. Keiner muss mehr den anderen verachten, weil ich auch sein Scheitern schon längst ertragen habe.

Jesus am Kreuz, das ist kein schönes Bild, das Bild eines unansehnlichen Menschen, das sich querstellt in einer Welt, die vor ihren Opfern am liebsten die Augen verschließen will. Wenn wir diesem Bild standhalten und es auf uns wirken lassen, dann wird es heilsam auf unser Leben wirken, weil Gott selbst dem Hass und der Gewalt widersprochen hat und auch uns verändert. Im Blick auf diesen Jesus gilt: Wir können auch anders. Immer neue Opfer zu produzieren und auf Gewalt zu setzten, ist kein Naturgesetz. Wir sind befreit vom Hass und befähigt zur Barmherzigkeit. Wir müssen niemanden mehr kreuzigen oder zu Kreuze kriechen lassen.

6. Nachfolge

Lukas 9,57-62

57 Und als sie auf dem Wege waren, sprach einer zu ihm: Ich will dir folgen, wohin du gehst. 58 Und Jesus sprach zu ihm: Die Füchse haben Gruben und die Vögel unter dem Himmel haben Nester; aber der Menschensohn hat nichts, wo er sein Haupt hinlege. 59 Und er sprach zu einem andern: Folge mir nach! Der sprach aber: Herr, erlaube mir, dass ich zuvor hingehe und meinen Vater begrabe. 60 Aber Jesus sprach zu ihm: Lass die Toten ihre Toten begraben; du aber geh hin und verkündige das Reich Gottes! 61 Und ein andrer sprach: Herr, ich will dir nachfolgen; aber erlaube mir zuvor, dass ich Abschied nehme von denen, die in meinem Haus sind. 62 Jesus aber sprach zu ihm: Wer seine Hand an den Pflug legt und sieht zurück, der ist nicht geschickt für das Reich Gottes. (Lutherbibel 1984)

Heute, am dritten Sonntag der Passionszeit, begegnet uns Jesus im Evangelium auf ungewohnt harte Weise. Wer bei Jesus an das Klischeebild eines alles und jeden umarmenden Sandalenträgers denkt, der mit seinem Verständnis alle Gegensätze der Welt zudeckt, der kann hier nur ratlos zurückbleiben. Aber auch wer sich ernsthaft darum bemüht, Jesus zu verstehen, hat es heute nicht leicht. Denn dieser Jesus stellt sich quer zu vielen Erwartungen, die wir gerade als Christinnen und Christen hegen, als Menschen, die in und mit der Kirche leben.

Wir möchten missionarisch Volkskirche sein und Menschen für die Kirche gewinnen. Jesus stellt uns auf eine harte Probe, indem er uns die Kosten der Nachfolge vorrechnet.

Wir möchten uns in der Welt beheimaten, einen Ort im Stadtteil und in der Gemeinde finden, wo wir zu Hause sind. Jesus weist uns auf seine Obdachlosigkeit hin und gibt uns zu verstehen: Damit müsst ihr auch rechnen.

Wir möchten Trauer und Abschied in unserer Gesellschaft human gestalten. Jesus sagt uns: Das ist jetzt nicht wichtig.

Wir möchten Beruf und Familie miteinander in Einklang bringen und Zeit für die Menschen haben, die uns am nächsten stehen. Jesus sagt: Das sind falsche Prioritäten.

Was sollen wir anfangen mit diesem Jesus?

Die eine Möglichkeit wäre zu sagen: Interessante Sicht der Dinge, Jesus, aber leider nicht unsere und darum gehen wir unseren Weg als Kirche in Zukunft ohne dich. Es liegt auf der Hand, dass diese Möglichkeit von vornherein ausscheidet, wenn wir die Kirche Jesu Christi bleiben wollen.

Die andere Möglichkeit wäre zu sagen: Jesus war ein kluger Mann und darum gewinnen wir seinen auf den ersten Blick vielleicht etwas groben Worten einen tieferen Sinn ab. Wir suchen so lange nach einem tieferen Sinn seiner Worte, bis sie sehr, sehr tiefgründig, aber eben nicht mehr herausfordernd sind.

Beide Möglichkeiten scheiden für mich aus. Denn Jesus hat uns gerade als der fremde Jesus, der uns von weither anspricht, etwas zu sagen und bringt uns gerade so mit dem Reich Gottes in Kontakt.

Aber der Reihe nach. Wovon erzählt Lukas eigentlich im Evangelium?

Wir sehen Jesus mit seinen Jüngern auf dem Weg nach Jerusalem. Die Zeit ist reif für diesen Schritt. In Jerusalem wird Jesus den Konflikt mit den religiösen Autoritäten auf die Spitze treiben. Er weiß: Das wird nicht gut ausgehen. Seine Jünger ahnen das vielleicht, fragen aber lieber nicht so genau nach.

Gleich zu Beginn des Weges nach Jerusalem wiederholt sich eine Erfahrung, die schon Jesu Eltern machen mussten: Jesus kommt in ein Dorf der Samariter und möchte dort übernachten. Doch wie für Maria und Josef auf dem Weg nach Bethlehem gibt es auch für Jesus auf dem Weg nach Jerusalem keinen Raum in der Herberge. Darum geht er weiter seinen Weg.

Auf dem Weg treffen wir also einen übermüdeten Jesus, der gerade selbst die Erfahrung der Obdachlosigkeit gemacht hat und uns, seinen Nachfolgern, sagt: So ist das. Auch ihr werdet nicht immer willkommen sein, wenn ihr mir nachfolgt. Rechnet damit, dass die Bindung an mich, an den Christus, euch in Schwierigkeiten bringen wird. Eure Loyalität zu mir wird nicht allen Menschen gefallen. Ihr

werdet nicht von allen Seiten Applaus bekommen,
wenn ihr euch an mich bindet.

Dies gilt nicht nur für Begegnungen mit Menschen
im öffentlichen Leben wie den Herbergsleiter im
Evangelium, sondern sogar für die engen familiären
Beziehungen. Zwei weitere Menschen wollen Jesus
auf dem Weg nach Jerusalem begleiten und bitten
um Verständnis für familiäre Verpflichtungen, die
zuvor noch zu erledigen sind. Dafür können sie
sich nicht nur auf Tradition und Konvention berufen, sondern sogar auf Gottes Gebote. Der eine
möchte seinen Vater begraben, der andere sich von
seiner Familie verabschieden. Sich verabschieden
zu wollen, ob von den Toten oder von den Leben-
den, ist zutiefst menschlich. Trotzdem lehnt Jesus
es ab. Beide Male mit dem Hinweis auf das Reich
Gottes.

Dieses Reich Gottes hat für Jesus eine solche Dy-
namik und Dringlichkeit, dass es alle anderen Prioritäten in den Hintergrund rückt. Weder die guten
Sitten, noch die religiösen Traditionen, noch die
familiären Bindungen können mit diesem Reich
Gottes konkurrieren. Und Jesus ist derjenige, der
diesem Reich auf seinem Weg nach Jerusalem entgegen geht und seine Begleiter ruft, ihm auf diesem
Weg zu folgen.

An dieser Stelle möchte ich kurz innehalten – und
offen sagen, dass mich die Radikalität Jesu, die hier

deutlich wird, einerseits fasziniert und andererseits ängstigt.

Sie fasziniert mich, weil sie mich an die Unbedingtheit erinnert, mit der wir uns als Jugendliche oder junge Erwachsene für Dinge entscheiden. Ich erinnere mich an eine Schulfreundin, Sandra, die für Greenpeace brannte und davon träumte, sich an die Ankerkette eines Walfangschiffes zu ketten oder sich mit einem Motorboot der tödlichen Harpune in den Weg zu stellen. Sie hätte sich wahrscheinlich auch ohne zu zögern von der Kuppel eines Atomkraftwerks abgeseilt.

Von radikalen Lebensentwürfen geht eine große Faszination aus. Andererseits ist es auch genau jene Faszination, die anfällig macht für Missbrauch. Wissen die salafistischen Jugendlichen aus Krefeld, Neuss oder Duisburg, worauf sie sich einlassen, wenn sie zum Djihad nach Syrien oder in den Irak ziehen? Sie verlassen ihre Familien, oft ohne sich von ihnen zu verabschieden. Monatelang oder jahrelang haben Eltern keinen Kontakt zu ihren Kindern, die sich religiös radikalisiert haben, und vergehen schier vor Sorge. Ist das gemeint, wenn Jesus zur Nachfolge aufruft? Bedingungsloser Gehorsam und blinde Opferbereitschaft?

Ich denke nicht! Jesus sucht keine Todeskandidaten für das Reich Gottes, sondern Menschen, die leben möchten. Menschen, die aus Gott und für Gott leben möchten! Und zu einem solchen Leben kann durchaus auch eine gesunde Distanz zur eigenen Herkunftsfamilie gehören. Denn nicht alle Familien sind per se Orte, an denen sich das Leben wirklich entfalten kann, und nicht alle Familien sind per se Orte, an denen die Gottebenbildlichkeit des Menschen zum Strahlen kommt. Im Gegenteil! Es gibt viel Kaputtheit in Familien, die mit ihrem Lebensekel auch ihre Kinder infizieren und ihnen den Blick für die Schönheit der Welt verstellen. Manche Familien ähneln eher Totenhäusern als Lebensorten. Wer aus einer solchen Familie kommt oder in ihr leben muss, für den kann es durchaus eine gute Nachricht sein, wenn ihm jemand sagt: „Lass die Toten ihre Toten begraben; du aber geh hin und verkündige das Reich Gottes!"

Das gilt übrigens auch für manche Gemeinde, die in der Vergangenheit vielleicht einmal ein lebendiger Ort gewesen ist, wo Menschen aufgebrochen, jetzt aber längst sesshaft geworden sind. Vielleicht so sesshaft, dass sie sich gar nicht mehr vorstellen können, ihre angestammten Beheimatungen aufzugeben und erneut mit Jesus auf den Weg zu gehen. Alles ist so gut eingerichtet, alles läuft so gut. Seit zwanzig oder mehr Jahren weiß jeder, was er zu tun hat. Man hat es gut miteinander. Man schwelgt auch gerne in Erinnerungen und freut sich an dem, was gelungen ist. Längst ist das Fotoalbum und die bunte Galerie der Gemeindebrief-Cover viel wichtiger geworden als die Bibel. Und nun kommt auf einmal dieser Jesus daher und sagt: „Wer seine Hand an den Pflug legt und sieht zurück, der ist nicht geschickt für das Reich Gottes."

Einer der großen Ausleger des heutigen Evangeliums ist der Theologe Dietrich Bonhoeffer, der von

1906 bis 1945 lebte. Aus dem Jahr 1937 stammt sein bis heute vielleicht bekanntestes Buch mit dem schlichten Titel „Nachfolge". Bereits zwei Jahre vor Ausbruch des Zweiten Weltkriegs hatte Bonhoeffer eine ziemlich präzise Ahnung davon entwickelt, wo das alles enden würde. Vor allem der Anspruch auf unbedingte Gefolgschaft, den der Nazi-Staat erhob, rief seinen entschiedenen Widerstand hervor. Wen Christus in seine Nachfolge ruft, den bindet er an sich selbst. Und diese Bindung an Christus nimmt den ganzen Menschen in Anspruch. Christus fordert uns heraus, ja er ruft uns aus allen Bindungen heraus, die uns daran hindern ihm nachzufolgen. Da ist kein Platz für einen Führer und seine Gefolgschaft.

Der Ruf Christi stellt uns in die Entscheidung. Wenn wir ihm nachfolgen wollen, dann verlassen wir das Alte und machen uns auf den Weg. Wann immer wir etwas Altes verlassen, werden wir uns zunächst obdachlos fühlen. Jede Veränderung löst Ängste aus, auch Veränderungen zum Besseren. Und wenn etwas Neues beginnt, gerät unser übersichtlich geordnetes Leben zunächst in Unordnung. Vor allem: Wir kennen das Alte, das wir haben, stets besser als das Neue, das wir noch nicht haben. Darum sind wir stets geneigt, beim Alten zu bleiben. Dann aber setzen wir uns seinem Ruf aus: „Lass die Toten ihre Toten begraben; *du* aber geh hin und verkündige das Reich Gottes!"

Wenn wir dann diesen Ruf hören, wenn dieses „Du" uns gilt, was ist dann zu tun?

Diese Frage kann niemand pauschal beantworten, sondern nur jeder und jede für sich selbst. Für

Dietrich Bonhoeffer bedeutete der Ruf in die Nachfolge, dass er die gesicherte Existenz als Hochschullehrer in den USA aufgab, noch bevor sich richtig begonnen hatte, und stattdessen in die Illegalität ging: als Dozent in ein Predigerseminar der Bekennenden Kirche, später in den politischen Widerstand gegen Hitler. Seine Nachfolge führte ihn wie der Weg Jesu in den Tod. Sein Kreuz stand nicht vor den Toren Jerusalems, sondern im Konzentrationslager Flossenbürg.

Nicht für jeden von uns endet der Ruf in die Nachfolge mit dem Tod. Gott sei Dank!

Aber wir sollten uns die Frage stellen, wo wir von Jesus herausgefordert werden, alte Verhältnisse zu verlassen und ihm neu nachzufolgen. Die Passionszeit ist für solches Nachdenken eine gute Gelegenheit.

Ich glaube, dass es an der Zeit ist, eine neue Tiefe und Ernsthaftigkeit in unserer Bindung an Christus zu gewinnen.

Ich glaube auch, dass es an der Zeit ist zu fasten. Ich habe oft den Eindruck, dass wir als Kirche den Menschen gefallen wollen. Ängstlich wollen wir von ihnen gemocht werden und buhlen um ihre Sympathie. Darauf dürfen wir getrost verzichten.

Christus ruft uns in die seine Nachfolge und er hat eine Aufgabe für jeden von uns, für dich und für mich. Er wartet darauf, dass wir diese Aufgabe annehmen und tun, in Freiheit und Verantwortung. Wir können daran scheitern, wie Petrus und so viele andere Jüngerinnen und Jünger vor uns. Aber

Scheitern ist kein Problem. Hauptsache, wir brechen auf, wir ziehen los und hören den Ruf:

„Du aber geh hin und verkündige das Reich Gottes!"

7. Einer von uns

Johannes 13,1-15.21-36

1 Vor dem Passafest aber erkannte Jesus, dass seine Stunde gekommen war, dass er aus dieser Welt ginge zum Vater; und wie er die Seinen geliebt hatte, die in der Welt waren, so liebte er sie bis ans Ende. 2 Und beim Abendessen, als schon der Teufel dem Judas, Simons Sohn, dem Iskariot, ins Herz gegeben hatte, ihn zu verraten, 3 Jesus aber wusste, dass ihm der Vater alles in seine Hände gegeben hatte und dass er von Gott gekommen war und zu Gott ging, 4 da stand er vom Mahl auf, legte sein Obergewand ab und nahm einen Schurz und umgürtete sich. 5 Danach goss er Wasser in ein Becken, fing an, den Jüngern die Füße zu waschen, und trocknete sie mit dem Schurz, mit dem er umgürtet war. 6 Da kam er zu Simon Petrus; der sprach zu ihm: Herr, solltest du mir die Füße waschen? 7 Jesus antwortete und sprach zu ihm: Was ich tue, das verstehst du jetzt nicht; du wirst es aber hernach erfahren. 8 Da sprach Petrus zu ihm: Nimmermehr sollst du mir die Füße waschen! Jesus antwortete ihm: Wenn ich dich nicht wasche, so hast du kein Teil an mir. 9 Spricht zu ihm Simon Petrus: Herr, nicht die Füße allein, sondern auch die Hände und das Haupt! 10 Spricht Jesus zu ihm: Wer gewaschen ist, bedarf nichts, als dass ihm die Füße gewaschen werden; denn er ist ganz rein. Und ihr seid rein, aber nicht alle. 11 Denn er kannte seinen Verräter; darum sprach er: Ihr seid nicht alle rein. 12 Als er nun ihre Füße gewaschen hatte, nahm er seine Kleider und setzte sich wieder nieder und sprach zu ihnen: Wisst ihr, was ich euch getan habe? 13 Ihr nennt mich Meister und Herr und sagt es mit Recht, denn ich bin's auch. 14 Wenn nun ich, euer Herr und Meister, euch die Füße gewaschen habe, so sollt auch ihr euch untereinander die Füße waschen. 15 Ein Beispiel habe ich euch gegeben, damit ihr tut, wie ich euch getan habe. 21 Als Jesus das gesagt hatte, wurde er betrübt im Geist und bezeugte und sprach: Wahrlich, wahrlich, ich sage euch: Einer unter euch wird mich verraten. 22 Da sahen sich die Jünger untereinander an, und ihnen wurde bange, von wem er wohl redete. 23 Es war aber einer unter seinen Jüngern, den Jesus lieb hatte, der lag bei Tisch an der Brust Jesu. 24 Dem winkte Simon Petrus, dass er fragen sollte, wer es wäre, von dem er redete. 25 Da lehnte der sich an die Brust Jesu und fragte ihn: Herr, wer ist's? 26 Jesus antwortete: Der ist's, dem ich den Bissen eintauche und gebe. Und er nahm den Bissen, tauchte ihn ein und gab ihn Judas, dem Sohn des Simon Iskariot. 27 Und als der den Bissen nahm, fuhr der Satan in ihn. Da sprach Jesus zu ihm: Was du tust, das tue bald! 28 Aber niemand am Tisch wusste, wozu er ihm das sagte. 29 Einige meinten, weil Judas den Beutel hatte, spräche Jesus zu ihm: Kaufe, was wir zum Fest nötig haben!, oder dass er den Armen etwas geben sollte. 30 Als er nun den Bissen genommen hatte, ging er alsbald hinaus. Und es war Nacht. 31 Als Judas nun hinausgegangen war, spricht Jesus: Jetzt ist der Menschensohn verherrlicht, und Gott ist verherrlicht in ihm. 32 Ist Gott verherrlicht in ihm, so wird Gott ihn auch verherrlichen in sich und wird ihn bald verherrlichen. 33 Liebe Kinder, ich bin noch eine kleine Weile bei euch. Ihr werdet mich suchen. Und wie ich zu den Juden sagte, sage ich jetzt auch zu euch: Wo ich hingehe, da könnt ihr nicht hinkommen. 34 Ein neues Gebot gebe ich euch, dass ihr euch untereinander liebt, wie ich euch geliebt habe, damit auch ihr einander lieb habt. 35 Daran wird jedermann erkennen, dass ihr meine Jünger seid, wenn ihr Liebe untereinander habt. 36 Spricht Simon Petrus zu ihm: Herr, wo gehst du *hin? Jesus antwortete ihm: Wo ich hingehe, kannst du mir diesmal nicht folgen; aber du wirst mir später folgen.* (Lutherbibel 1984)

I.

Wir sitzen in großer Runde am gedeckten Tisch. Wir erinnern uns an das Abendessen, das Jesus mit seinen Jüngern am Passafest einnahm. Bei diesem Essen geschah etwas Außergewöhnliches. Etwas, was in der evangelischen Kirche, anders als beispielsweise bei unseren katholischen Brüdern und Schwestern, ohne liturgisches Nachspiel geblieben ist. Jesus wusch seinen Jüngern die Füße. Er übernahm an diesem Abend die Rolle des Dieners, der – aus welchen Gründen auch immer – nicht anwesend war. Einer weigerte sich dagegen. „Herr, solltest du mir die Füße waschen?", fragte Petrus, als er an der Reihe war. Das ist noch kein lautstarker Protest, aber immerhin eine kritische Anfrage, hinter der erheblicher Widerstand zu ahnen ist. Ist das in Ordnung? Soll das so sein? Müsste es nicht eigentlich anders sein? Jesus antwortete Petrus und bat ihn, seine Handlungsweise zu akzeptieren: „Was ich tue, das verstehst du jetzt nicht; du wirst es aber hernach erfahren." Das ist die Bitte um Vertrauen und Geduld. Die Bitte an Petrus, sich auf etwas einzulassen, was aus gutem Grund so und nicht anders geschieht. Doch Petrus teilt das Schicksal derjenigen, die einen Plan haben und nicht mehr zuhören können, weil sie ihre eigene Vorstellung davon haben, wie die Dinge laufen sollen. „Nimmermehr sollst du mir die Füße waschen!" Ein kategorisches Nein, glatte Ablehnung, keine Bereitschaft, sich auch nur einen Millimeter einzulassen auf Jesu Handeln. Petrus weiß es besser. Es gibt zwei Lesarten für diese Besserwisserei des Petrus. Eine für Petrus eher schmeichelhafte Lesart und eine weniger schmeichelhafte, dafür aber realistischere Lesart. Die schmeichelhafte Lesart versteht den Einspruch des Petrus als Ausdruck seiner Demut als Diener Christi. Dann würde sein Einspruch bedeuten: Jesus, du kannst mir nicht die Füße waschen. Ich müsste vielmehr dir die Füße waschen. Doch die Situation spricht eher gegen diese Deutung. Eher ist es doch wohl so, dass Petrus sagen wollte: Jesus, du sollst mir nicht die Füße waschen, weil ich das nicht nötig habe. Petrus versteht: Dass Jesus den Jüngern die Füße wäscht kann nur eins bedeuten. Sie haben es nötig! Die Füße sind auf den Straßen des antiken Mittelmeerraums immer staubig. Der Staub der Straße dringt durch die Ritzen der Sandalen. So ist es auch mit dem Staub, der sich auf unseren Lebenswegen auf die Seele legt und ihren Glanz eintrübt. Manchmal so sehr, dass wir als Menschen kaum wiederzuerkennen sind. Petrus gibt also den Saubermann und Musterschüler. Er tut so, als habe er keine Reinigung nötig. Seine Lebenshaltung lautet: Bei mir ist alles in Ordnung. Probleme haben höchstens die anderen. Wie wenig realistisch diese Selbsteinschätzung ist, zeigt sich an seiner Reaktion auf Jesus. Als dieser ihm klarmacht: „Wenn ich dich nicht wasche, so hast du kein Teil an mir", da kann Petrus plötzlich nicht genug bekommen. Er will nicht nur die Füße, sondern auch den Kopf und die Hände gewaschen bekommen. Besonders eifrig, besser als die anderen möchte Petrus den Willen Jesu erfüllen und zeigt damit wieder: Es geht ihm nur um sich selbst. Wie sehr es ihm nur um sich selbst geht, das offenbart wenig später sein Verrat. Ein Zusammenbruch, der sich bei der Fußwaschung schon ankündigt.

II.

Jesus erklärt den Jüngern, warum er ihnen die Füße gewaschen hat: „Ein Beispiel habe ich euch gegeben, damit ihr tut, wie ich euch getan habe." Jesus macht sich den ältesten und grundlegendsten Weg zunutze, wie Menschen etwas lernen. Er handelt exemplarisch, beispielhaft. Willst du nicht, dass deine Kinder bei Rot über die Straße gehen, geh selbst nicht bei Rot über die Straße. Willst Du, dass deine Kinder Gemüse essen, iss selbst Gemüse. So funktioniert auch das Lernen im Reich Gottes. Jesus gibt uns ein Beispiel, dem wir folgen sollen. Die Erzählung von der Fußwaschung steht im Johannesevangelium dort, wo in den anderen Evangelien die Erzählung von der Einsetzung des Abendmahls steht. Wenn man möchte, kann man darin den Auftrag an die Kirche sehen, es Jesus im wortwörtlichen Sinne nachzutun. In der römisch-katholischen Kirche hat das eine Tradition. Am Gründonnerstag gibt es die liturgische Handlung der Fußwaschung. Papst Franziskus hat diese liturgische Handlung aus der rituellen Erstarrung der Vergangenheit gelöst. Er hat nicht die sauberen Füße kirchlicher Würdenträger im Petersdom gewaschen, sondern ist dorthin gegangen, wo Menschen sich tatsächlich die Füße schmutzig gemacht haben, in ein Jugendgefängnis beispielsweise, wo er jugendlichen Straftätern die Füße gewaschen hat. Die Botschaft ist klar: Das Oberhaupt der katholischen Christenheit, der

Stellvertreter Christi, dient dem Verbrecher. Das ist nahe dran an der Umwertung aller Werte, die auch Jesus selbst lebte. Dass darunter auch ein Muslim war, hat konservative Gegner sofort auf den Plan gerufen. Doch auch, wenn wir Jesu Beispiel nicht wörtlich folgen, sondern im übertragenen Sinn, ergibt die Fußwaschung einen guten Sinn. Wenn wir einander helfen, den Staub von unseren Seelen zu pusten, uns von den Lasten vergangener Wege zu befreien und miteinander ein Fest zu feiern im Horizont von Gottes Reich, dann folgen wir damit dem Beispiel Jesu.

III.

Am Dienstag, 24. März stürzte ein Airbus von Germanwings auf dem Weg von Barcelona nach Düsseldorf in den französischen Seealpen ab. Nach allem, was wir heute wissen, die Tat des Copiloten, der das Flugzeug bewusst zum Absturz brachte. Diese Wendung der Ereignisse, die für sich genommen schon schwer genug sind, macht uns fassungslos. Wie kann ein Mensch so etwas tun?, fragen wir. Manche Antworten, die in diesen Tagen durch die Medien geistern, laufen darauf hinaus, dass der Täter keiner „von uns" war, sondern einer „von denen", von den Depressiven, von den Kranken, von den anderen. Es gehört wohl zu den verständlichen Abwehrreflexen menschlicher Gemeinschaften zu sagen: Das war keiner von uns. Das war einer von den anderen. Wer auch immer diese anderen sind. Jesus sagt seinen Jüngern auf den Kopf zu: „Einer unter euch wird mich verraten." Einer von uns. Ich stelle mir vor, wie den Jüngern

194

am Tisch der Atem stockt. Woher nimmt Jesus die Freiheit, diesen Satz zu sagen? Ist es nicht so, dass er gerade von außen bedroht wird, von den Mitgliedern des Hohen Rates, von der römischen Besatzungsmacht? Da wäre es naheliegend, die Reihen fest zu schließen und die Jünger zu einer verschworenen Gemeinschaft zu machen, die sich von den äußeren Feinden abgrenzt. Doch Jesus handelt anders. Seine Politik der Gewaltlosigkeit gilt nicht nur den eigenen Leuten, sondern auch den Feinden. Und weil Feindbilder der Anfang von Gewalt sind, darum verzichtet Jesus auf Feindbilder und sieht ganz realistisch: Der Feind ist nicht irgendwo da draußen. Der Feind sitzt mit am Tisch. Eine Spannung, die kaum auszuhalten ist, die sich nur dadurch löst, dass einer geht und tut, was er nicht lassen kann. In der Kirche und in unserer Gemeinde versuchen wir, als Gemeinschaft zu leben. Das ist gut und richtig. Und doch scheitern wir oft daran. Jedes Mal, wenn wir Abendmahl feiern und bei der Einsetzung die Worte gesprochen werden: „Unser Herr Jesus Christus, in der Nacht, da er verraten wurde", werden wir daran erinnert, dass wir keine ideale, harmonische Gemeinschaft von Menschen sind, die immer alle einer Meinung sind. Im Gegenteil: Je mehr Harmonie wir uns wünschen, desto härter fallen wir auf die Nase. Jesus lässt die Luft heraus aus unseren Idealvorstellungen von Gemeinschaft und lehrt uns realistisch zu sein: Der Feind sitzt am Tisch. Weil aber im Tod Jesu Versöhnung geschieht, können auch am Tisch aus Feinden Freunde werden.

IV.

Weil aber im Tod Jesu Versöhnung geschieht, können auch am Tisch aus Feinden Freunde werden. Dafür braucht es Menschen, die das wollen. Es ist sehr viel leichter und entspricht augenscheinlich sehr viel mehr unserer Natur, Feindschaft zu schüren als Freundschaft zu suchen. Weil Jesus das weiß, hat er seinen Jüngern am Gründonnerstag nicht nur eine freundliche Empfehlung mit auf den Weg gegeben, sondern ein Gebot: „Ein neues Gebot gebe ich euch, dass ihr euch untereinander liebt, wie ich euch geliebt habe, damit auch ihr einander lieb habt. Daran wird jedermann erkennen, dass ihr meine Jünger seid, wenn ihr Liebe untereinander habt." Sind wir bereit, das zu hören? Lassen wir uns überhaupt noch etwas sagen, Gebote geben? Manchmal beschleicht mich das ungute Gefühl, dass wir uns verstrickt haben in einer Endlosschleife unentwegter Selbstbestätigung. Wir möchten, dass die anderen uns akzeptieren, uns ernstnehmen, uns lieben – natürlich vorbehaltlos, wie denn sonst. Jesus hingegen mutet uns etwas zu. Er mutet uns zu, den ersten Schritt zu tun. Wenn wir in der Gemeinschaft mit ihm leben, aus der Kraft seiner Versöhnung schöpfen, dann dürfen wir uns das zumuten, dann können wir das. Und wenn wir es noch nicht können, dann können wir es lernen.

Tagebucheintragung von Martin Walser am Samstag, 11. April 1981:

„Wahrscheinlich bleibt, um geliebt zu werden, nichts anderes übrig, als zu lieben. Wahrscheinlich muss man, will man geliebt werden, lieben. Lieben, weil man geliebt werden will. Lieben, um geliebt zu werden."[12]

8. Du wirst leben

Markus 16,1-8

1 Und als der Sabbat vergangen war, kauften Maria von Magdala und Maria, die Mutter des Jakobus, und Salome wohlriechende Öle, um hinzugehen und ihn zu salben. 2 Und sie kamen zum Grab am ersten Tag der Woche, sehr früh, als die Sonne aufging. 3 Und sie sprachen untereinander: Wer wälzt uns den Stein von des Grabes Tür? 4 Und sie sahen hin und wurden gewahr, dass der Stein weggewälzt war; denn er war sehr groß. 5 Und sie gingen hinein in das Grab und sahen einen Jüngling zur rechten Hand sitzen, der hatte ein langes weißes Gewand an, und sie entsetzten sich. 6 Er aber sprach zu ihnen: Entsetzt euch nicht! Ihr sucht Jesus von Nazareth, den Gekreuzigten. Er ist auferstanden, er ist nicht hier. Siehe da die Stätte, wo sie ihn hinlegten. 7 Geht aber hin und sagt seinen Jüngern und Petrus, dass er vor euch hingehen wird nach Galiläa; dort werdet ihr ihn sehen, wie er euch gesagt hat. 8 Und sie gingen hinaus und flohen von dem Grab; denn Zittern und Entsetzen hatte sie ergriffen. Und sie sagten niemandem etwas; denn sie fürchteten sich. (Lutherbibel 1984)

Als ich gestern Morgen, am Karsamstag, die Zeitung aufschlug, da leuchtete mir schon die Osterbotschaft entgegen. In einer jener Todesanzeigen, die in diesen Tagen nach und nach, im Rhythmus der zweifelsfreien Feststellbarkeit des Todes erscheinen, wurde bekanntgegeben: Durch den tragischen Flugzeugabsturz in den französischen Alpen haben wir unsere geschätzte Mitarbeiterin verloren, im Alter von 38 Jahren. Dein Team wird immer an dich denken. Darunter die Namen des Teams und ganz am Schluss ein Satz, der mich anleuchtete: „Nur wer vergessen wird, ist tot. Du wirst leben."

Du wirst leben. Ein ergreifendes Versprechen der ehemaligen Kolleginnen und Kollegen, die Verstorbene nicht zu vergessen, sich immer an sie zu erinnern. Ein Versprechen mit einem österlichen Klang: „Du wirst leben". Ein Versprechen, das mich sehr anrührt, weil es von großer Zuneigung zeugt, weil es durchdrungen ist von dem schmerzvollen Verlangen, einen geliebten Menschen durch unsere liebevolle Erinnerung am Leben zu halten über den Tod hinaus.

Voller liebevoller Erinnerung waren auch die drei Frauen, von denen die Bibel erzählt. Frauen, die sich frühmorgens auf den Weg zum Grab Jesu machen. Maria von Magdala, Maria, die Mutter des Jakobus, und Salome. Auch ihre Namen kennen wir. Sie gehörten zu Lebzeiten zum Team Jesu, haben ihn noch ganz lebendig vor Augen und darum gehen sie am Tag nach dem Sabbat, am ersten Tag der Woche, zum Grab. Sie haben wohlriechende Öle dabei, um den Leichnam des Verstorbenen zu salben. Denn: „Nur wer vergessen ist, ist tot." Sie haben Jesus nicht vergessen. Bewegt von großer Zuneigung und liebevoller Erinnerung machen sie sich auf den Weg. Sie tun, was Menschen zu allen Zeiten getan haben und auch heute tun. Sie gedenken der Toten und sind sich dabei dessen schmerzlich bewusst: Das Gewicht des Todes ist bleischwer. Schwer wie der Stein, der den Eingang zum Felsengrab versperrt.

Was dann folgt, ist so unglaublich, dass unsere Sprache davor versagt. „Worüber man nicht sprechen kann, darüber muss man schweigen", hat der Philosoph Ludwig Wittgenstein einmal gesagt (Tractatus logico-philosophicus). Und die drei Frauen Maria, Maria und Salome halten sich daran, denn es heißt: „Sie sagten niemandem etwas." Dass die Osterbotschaft sich trotzdem verbreitete, sodass wir heute Ostern feiern können, das liegt daran, dass Christus selbst, der Auferstandene, sich immer wieder bezeugt. Das liegt daran, dass er selbst nicht schweigt, sondern spricht. Und wir antworten ihm mit den Mitteln unserer Sprache, die mit Ostern eigentlich überfordert ist.

Die Überforderung unserer Sprache wird schon beim Evangelisten Markus deutlich. Die Geschichte von den drei Frauen im Grab, die er erzählt, trägt die Züge einer zeitgenössischen Erbauungsgeschichte. Ein bisschen kitschig und in ihrer Anschaulichkeit dann doch auch wieder anrührend erzählt Markus: Die Frauen gehen in das Grab und sehen einen Jüngling mit einem weißen langen Gewand. Ein himmlischer Bote, wie man ihn sich damals vorstellte, gewissermaßen wie aus dem Bilderbuch. Er sitzt auf der rechten Seite der Grabkammer, wo auch sonst, denn immer rechts sitzen die Götterboten, die eine gute Nachricht zu verkündigen haben. Das Entsetzen der Frauen ist ebenfalls stilecht und passt zur Erzählform. Wie im Theater, wenn die Zuschauer schon wissen: Jetzt gleich werden die Leute auf der Bühne sich erschrecken und wir wissen es schon. Dann spricht der Engel und beruhigt die Frauen. „Entsetzt euch nicht!" Aus Genderperspektive, im Blick auf die Gerechtigkeit zwischen Frauen und Männern, eine besonders heikle Passage der Erzählung. Der jugendliche Held beruhigt souverän die aufgescheuchten Frauen. In einem Land, das seit zehn Jahren eine Bundeskanzlerin hat, mutet diese Rollenverteilung ein bisschen altbacken an. Aber die Geschichte stammt eben aus einer anderen Zeit und der Engel hält seine Worte im Übrigen angemessen kurz: Ihr sucht Jesus, er ist nicht hier, sagt den anderen Bescheid. Wahrhaftig kein Wort zu viel. Wenn es wirklich wichtig wird, ist Geschwätzigkeit fehl am Platze. Und darum hören wir das Auferstehungszeugnis in seiner denkbar kürzesten Form: Es geht um den Nazarener, er ist der Gekreuzigte, er ist aufgestanden und folglich nicht hier.

Er ist aufgestanden, ēgérthē heißt es im Griechischen, was so viel heißt wie: Er wurde aufgestanden. Wieder so eine sprachliche Überforderung, die sich nur stammelnd wiedergeben lässt: Gott hat ihn aufstehen gemacht. Im ganzen Satz gesprochen: Gott hat Jesus aufstehen gemacht und darum ist er aufgestanden und weggegangen. Das leere Grab für sich genommen sagt noch gar nichts. Der Umstand, dass es keinen Leichnam mehr gibt, der gesalbt, bestattet und betrauert werden kann, ist bestürzend und traurig. Auch das haben wir im Zusammenhang mit dem Flugzeugabsturz vor zwölf Tagen noch einmal ganz neu gelernt. Doch dieser

Umstand für sich genommen beinhaltet noch keine Hoffnung. Das leere Grab als solches beinhaltet keine Hoffnung. Hoffnung kommt erst da ins Spiel, wo Gott dabei ist: Gott hat ihn aufstehen gemacht und darum ist er aufgestanden und weggegangen.

Aufstehen und weggehen, das ist die vielleicht kürzeste Botschaft, die wir dieser Ostergeschichte entnehmen können. Wenn du an einem Ort des Todes sitzt, dann bleib nicht sitzen, sondern steh auf und geh weg. Eine Botschaft an alle, die in den Gräbern der Verzweiflung, der Selbstverachtung und der Sucht sitzen: Steh auf und geh weg. Eine Botschaft an alle, die von Engeln, die zur linken sitzen, gesagt bekommen: Du bist nichts wert, du kannst nichts, du machst immer alles falsch, du bist nicht, wie du sein sollst. Steh auf und geh weg. Es gibt eine Zeit des Aufstehens und Weggehens. Und die Osterzeit, die wir in unserem Kirchenjahr feiern, ist eine gute Zeit, sich selbst noch einmal zu prüfen und sich zu fragen: Wo möchte ich am liebsten aufstehen und weggehen. Und wenn ihnen dann etwas einfällt, dann zögern sie nicht. Bleiben sie nicht im Grab sitzen, sondern stehen sie auf und gehen sie weg. Lassen sie sich nicht festhalten, am wenigsten von ihrer Angst. Entsetzt euch nicht, das Leben liegt vor euch!

Wo liegt das Leben? Es liegt ausgerechnet in Galiläa. In einem Landstrich weit draußen, außerhalb des Zentrums. Dort, wo Jesus die meiste Zeit seines Lebens verbracht und gewirkt hat. In Galiläa hat er Menschen erzählt, wie Gott uns nahe ist, in

Galiläa hat er Menschen geheilt, in Galiläa wird der Auferstandene seinen Jüngern und dem Petrus erscheinen. Wir sehen uns in Galiläa. Für die ersten Christen hieß das: Wir gehen zurück auf Los. Wir verstehen das Leben Jesu nach seinem Tod noch einmal neu. Wir fangen noch einmal ganz neu an, seine Worte und seine Taten zu uns sprechen zu lassen. Wir hören ihm noch einmal ganz neu zu. Vielleicht, nein ganz bestimmt werden wir ihm dann begegnen. Wir sehen uns in Galiläa. Das heißt für uns: Wir stehen auf und gehen weg aus dem Grab unserer Mutlosigkeit und unserer Verzweiflung. Wir lassen nicht mehr zu, dass man uns das Lied vom Tod singt, sondern suchen Worte und Taten des Lebens. Lassen wir uns ganz neu inspirieren von dem Beispiel, dass Jesus uns gegeben hat, von seinem Vertrauen zu Gott, von seiner Liebe zu den Menschen, von seiner Wut über diejenigen, die anderen das Leben verbauen. In seinem Leben und Sterben ist Gott dabei gewesen. Suchen wir seine Nähe. Dann entdecken wir, wie Gott auch in unserem Leben dabei ist.

Wir trauern über unsere Verstorbenen. Insbesondere über diejenigen, die so jung aus dem Leben gerissen wurden wie viele der Passagiere von Germanwings 4U9525. So viele Hoffnungen, sind an diesem Berg in den französischen Alpen im Bruchteil einer Sekunde zerschellt. Daran werden wir uns wohl immer erinnern. Doch stärker noch als unsere Erinnerung ist unsere Hoffnung: Gott macht, dass du aufstehst, aus den Gräbern deiner Verzweiflung und irgendwann auch aus dem Grab deines Todes. Du wirst leben.

9. Auf die sanfte Tour

Matthäus 11,25-30

25 Zu der Zeit fing Jesus an und sprach: Ich preise dich, Vater, Herr des Himmels und der Erde, weil du dies den Weisen und Klugen verborgen hast und hast es den Unmündigen offenbart. 26 Ja, Vater; denn so hat es dir wohlgefallen. 27 Alles ist mir übergeben von meinem Vater; und niemand kennt den Sohn als nur der Vater; und niemand kennt den Vater als nur der Sohn und wem es der Sohn offenbaren will. 28 Kommt her zu mir, alle, die ihr mühselig und beladen seid; ich will euch erquicken. 29 Nehmt auf euch mein Joch und lernt von mir; denn ich bin sanftmütig und von Herzen demütig; so werdet ihr Ruhe finden für eure Seelen. 30 Denn mein Joch ist sanft, und meine Last ist leicht. (Lutherbibel 1984)

Der Sonntag Kantate will zum Singen ermutigen. Das ist schön!

Doch die weithin vernehmbaren Loblieder in unserer Gesellschaft werden längst woanders gesungen. „Sie ist da", prangt es in großen Lettern auf der Wand des Verkaufsraums der weltweit bekannten Elektronikmarke mit dem angebissenen Apfel. Gemeint ist die neue Smartwatch, eine etwas gewöhnungsbedürftig aussehende Armbanduhr, mit der man sich den Puls fühlen und gleichzeitig telefonieren kann. Ich betrete das Geschäft, staune über seine kathedralenhafte Anmutung und reihe mich in die Schlange der anderen Jüngerinnen und Jünger ein, die ihr Anliegen einem jungen Beichtvater bzw. Kundenberater vortragen dürfen.

Mein Mobiltelefon, früher mal Handy genannt, heute Smartphone, gibt seit einigen Tagen nur noch krächzende Geräusche von sich. Als ich an der Reihe bin, schaut der junge Angestellte mit verblüfftem Blick auf mein Gerät und meint dann mit strengem Unterton: „Das ist ja noch ein Modell 4S. Sie wissen aber schon, dass sie bald für Ersatz sorgen müssen!"

Ich fühle mich unsanft gedrängt und frage mich: Wo sind nur die guten alten Zeiten geblieben, als der Kunde noch König genannt wurde und sich die Qualität von Produkten an ihrer Langlebigkeit zeigte? Als Produktzyklen noch nach Jahren und nicht nach Quartalen bemessen wurden?

Außerdem beschleicht mich ein Verdacht: Hier geht es gar nicht ums Telefonieren, Mails verschicken und im Internet surfen, sondern es geht darum dazu zu gehören. Wer das Produkt mit dem angebissenen Apfel kauft, gehört zur Schar seiner Jüngerinnen und Jünger dazu. Aber die Jüngerschaft ist befristet, sie verfällt am Ende des Produktzyklus und muss dann erneuert werden. Sonst ist man draußen, darf sich nicht mehr zur Gruppe der Jünger zählen.

Nun könnte man sagen: Was soll's? Kauf' ich mir eben ein anderes Mobiltelefon und werde damit glücklich. Doch ich fürchte, so einfach ist es nicht. Denn in unserer Gesellschaft wird Zugehörigkeit zu Gruppen, der Zugang zu bestimmen Kreisen immer noch und heute vielleicht mehr denn je gekauft. Es gibt nicht das eine Ticket, das man lösen könnte, sondern eine Vielzahl von einzelnen Kaufentscheidungen, mit denen wir darüber entscheiden, wer wir in den Augen der anderen sind.

Kann ich mir das Brötchen im Bioladen für 40 Cent leisten oder muss ich mich mit dem lumpigen Teigling aus dem Bahnhofsbackshop für 12 Cent zufriedengeben? Ein geschmacklicher, aber auch ein symbolischer Unterschied, den man sich leisten können muss.

Und was geschieht, wenn der Tag kommt, an dem der Kontostand die Symbolik verbietet? An einem solchen Tag trägt der 42-jährige, arbeitslose Journalist Georg in Kristine Bilkaus Debütroman *Die Glücklichen* zwei Brötchen vom Bahnhofskiosk nach Hause. In eine großzügige Wohnung mit abgezogenen Holzdielen, die der Kontostand eigentlich auch längst verbietet. Die Zeitung, bei der Georg als Redakteur arbeitet, geht pleite. Der neue Investor übernimmt ihn nicht. Gleichzeitig verliert Isabell, Georgs Lebensgefährtin und Mutter des gemeinsamen Kleinkinds, ihren Job als Cellistin im Orchester eines Musicaltheaters. Sie leidet an einem mysteriösen Zittern ihrer Bogenhand. Ein paar ausbleibende Monatsgehälter später hat der soziale Abstieg sein grausames Werk im seelischen Gefüge des Paares verrichtet. Der Zusammenspiel von materiellem und mentalen Einbruch ist perfekt. Zwei Menschen sind in der undefinierten Kastenordnung der deutschen Gesellschaft nach unten gerutscht und das macht aus ihnen andere Menschen.

Denn das Joch, unter dem sie leben, ist hart. Und die Last, die sie in ihrer Arbeit tragen, ist schwer.

Das ist nicht erst seit heute so, wie das Wort Jesu an die Menschen in Galiläa zeigt:

„Kommt her zu mir, alle, die ihr mühselig und beladen seid; ich will euch erquicken. Nehmt auf euch mein Joch und lernt von mir; denn ich bin sanftmütig und von Herzen demütig; so werdet ihr Ruhe finden für eure Seelen. Denn mein Joch ist sanft, und meine Last ist leicht."

Damals war es das drückende Joch römischer Fremdherrschaft, das die Menschen belastete. Die Römer begünstigten eine kleine Oberschicht, die ihrerseits von ihnen abhängig war und zugleich die Massen in Armut hielt. Der soziale Ausgleich funktionierte nicht mehr. Viele Kleinbauern gerieten in die Schuldenfalle, verloren Haus und Hof, lebten als Tagelöhner von der Hand in den Mund. Einige, vor allem Jüngere, stiegen aus und lebten als Terroristen in den Bergen von Raub und Erpressung. Manche meinten, so auch Gottes neue Welt erzwingen zu können.

Auch Jesus war der Meinung: Es muss sich etwas ändern. Aber nicht mit Gewalt, sondern friedlich, auf die sanfte Tour. Seine Sache war die stille, die friedliche Revolution. Jesus ermutigte die Menschen, sich Freiräume zu schaffen. Freiräume, die Gott ihnen mit seinem Gebot eigentlich schon längst gegeben hatte: Haltet den Sabbat, er ist für euch da. Lasst nicht zu, dass selbst aus dem, was Gott für eure Entlastung gemacht hat, von Menschen eine Last gemacht wird. Wenn ihr am Sabbat hungrig seid, dann esst, was ihr auf dem Feld findet. Wer am Sabbat krank ist, soll geheilt werden.

Der Sabbat, wie Jesus ihn versteht, ist Gottes große Atempause für die Welt, die unter einem fremden Gesetz stöhnt und ächzt. Wenn Sklaven auf einmal ans Freimachen denken für einen ganzen Tag, dann ist das bereits eine Revolution, die die Verhältnisse auf den Kopf stellt ... viel mehr als jeder Terrorakt es könnte.

Heute werden unsere Gesetze nicht mehr in Rom gemacht. Das ist wohl auch ganz gut so. Aber die Gesetze, die für uns gelten, sind nicht weniger hart und drückend. Um uns Smartphones mit dem Apfel, Brötchen im Bioladen und Wohnungen mit abgezogenen Holzdielen in angesagten Stadtvierteln leisten zu können, müssen wir ganz schön hart arbeiten.

Dem selbständigen IT-Berater Benjamin Stein aus München wurde das alles irgendwann einfach zu viel. In der DDR aufgewachsen und von seinen sozialistischen Eltern atheistisch erzogen, erinnerte er sich seiner jüdischen Wurzeln, fing an, in der Bibel zu lesen, war fasziniert davon, konnte es kaum fassen, welche Freiheiten dem Menschen dort eingeräumt werden:

Die Freiheit, einen Tag Pause zu machen in der Woche. Die Freiheit, zu beten und der Seele so Raum zum Atmen zu geben. Die Freiheit, Feste zu feiern und sich so des eigenen Ursprungs zu vergewissern. Die Freiheit, sich dem Hohelied des schnellen Profits zu entziehen und die langsamen und feierlichen Gesänge der Sehnsucht nach Erlösung anzustimmen. Die Freiheit, das eigene Leben nicht als Projekt, Beziehungen nicht als Meilensteine zu betrachten, sondern als unverwechselbaren Weg von Generation zu Generation und von Ewigkeit zu Ewigkeit. Was für eine Freiheit, was für ein Aufatmen!

Benjamin Stein entscheidet sich nach dieser Erfahrung, als orthodoxer Jude zu leben, und sagt heute, mit Mitte 40: „Wenn ich nicht angefangen hätte, den Sabbat zu halten, wäre ich heute tot", ... ob bloß mental oder auch physisch, sei dahingestellt.

„Mein Joch ist sanft, und meine Last ist leicht.", sagt uns der Jude Jesus, der sicherlich den Sabbat hielt, denn schließlich ist er für den Menschen gemacht.

Wir, die wir uns nach ihm Christen nennen, tun uns schwer mit dem sanften Joch der Gebote. Wir halten uns für frei, für vollkommen frei und nehmen doch bereitwillig allerlei fremde Gesetze auf uns. Vor allem wir Protestanten jagen gerne dem Goldenen Kalb von Pflichterfüllung und Erfolg hinterher. Auch in der Kirche gilt: Nichts ist so schön und macht so beliebt wie der Erfolg!

Mein Freund Christian, Pfarrer in einem kleinen Schweizer Dorf, fand das lange Zeit auch. Bis ihn ein Burnout vollkommen aus der Bahn warf. Es brauchte Monate, bis er wieder etwas fühlen, geschweige denn sich wieder freuen konnte. Als ich ihn kennenlernte, lag das alles etwa ein Jahr hinter ihm. Ich fragte ihn: „Christian, was hast du aus dieser Erfahrung gelernt." Seine Antwort bestand aus zwei Teilen: einem Zitat und einer Lebensweisheit.

Das Zitat: „Mein Joch ist sanft, und meine Last ist leicht." Die Lebensweisheit: Christian versucht nicht mehr, mit dem Kopf durch die Wand zu rennen. Er akzeptiert Widerstände und lässt nicht mehr zu, dass Misserfolge sein Selbstwertgefühl untergraben. In einem Satz hört sich das so an:

„Was nicht einfach geht, geht einfach nicht."

Endnoten

Kapitel II

[1] Friedrich Nietzsche: Menschliches, Allzumenschliches. Ein Buch für freie Geister (1879). Berlin 2016.

[2] Johannes Voswinkel: Lupenreine Diktatur. In: Die Zeit Nr. 50 v. 08.12.2011. S. 1.

[3] Interview mit ARD-Korrespondent Rolf-Dieter Krause, http://www.tagesschau.de/wirtschaft/interviewrolfdieterkrause100.html (zuletzt abgerufen am 08.11.2011).

[4] Brief an Eberhard Bethge v. 19.03.1944. In: Dietrich Bonhoeffer: Widerstand und Ergebung (DBW 8). Gütersloh 2011. S. 359.

[5] Dabru Emet, These 8, https://de.wikipedia.org/wiki/Dabru_Emet (zuletzt abgerufen am 29.11.2017).

[6] Kurt Marti: Geburt. In: Ders.: Geduld und Revolte. Die Gedichte am Rand. Stuttgart 1984.

[7] Vgl. Odo Marquard: Abschied vom Prinzipiellen. Stuttgart 1981. S. 39 ff. Im Anschluss daran Ulrich H.J. Körtner: Reformatorische Theologie im 21. Jahrhundert (Theologische Studien 1). Zürich 2010. S. 34 ff.

Kapitel III

[1] Süddeutsche Zeitung Nr. 259 vom 10.11.2011. S. 2.

[2] Lk 16,3-6.

[3] Lk 16,8.

212

[4] Marianne Williamson: A Return To Love. Reflections on the Principles of "A Course in Miracles". Harper Collins 1972.

[5] Vgl. Eberhard Hauschildt, Uta Pohl-Patalong: Kirche. Gütersloh 2013. S. 145 ff.

[6] Christof Jaeger: Situationshermeneutik zum 3. Advent. In: Predigtstudien 2013/2014. Perikopenreihe VI, Erster Halbband. S. 46.

[7] Vgl. Maike Neumann: Der Buß- und Bettag. Geschichtliche Entwicklung, aktuelle Situation, Bedingungen für eine erneuerte Praxis. Neukirchen-Vluyn 2011.

[8] Reinhard Körner: Metanoeite! In: Karmelimpulse. Quartalsschrift zur Vertiefung des geistlichen Lebens 23 (2013). S. 13.

Kapitel IV

[1] Notger Slenczka: Die Kirche und das Alte Testament. In: Das Alte Testament in der Theologie. Marburger Jahrbuch Theologie XXV (2013), S. 83-119, hier S. 118.

[2] A.a.O., 119.

[3] Die Fotomotive der Plakataktion sind zu sehen unter www.fremdling.eu (zuletzt abgerufen am 18.09.2015).

[4] Zur aktuellen Situation der Flüchtlinge. Eine Erklärung der Leitenden Geistlichen der evangelischen Landeskirchen Deutschlands vom 10.09.2015, http://www.ekd.de/download/20150910_gemeinsame_erklaerung_fluechtlinge.pdf (zuletzt abgerufen am 18.09.2015).

Kapitel V

[1] Vgl. Johannes Calvin: Unterricht in der christlichen Religion. Institutio Christianae Religionis. Nach der letzten Ausg. übers. und bearb. von Otto Weber. Neukirchen-Vluyn ⁶1997. II, 15,1 zum „prophetischen Amt" Christi.

[2] Vgl. a.a.O., 15,3-4 zum „königlichen Amt" Christi.

[3] Vgl. a.a.O., 15,6 zum „priesterlichen Amt" Christi.

[4] Vgl. Manfred Josuttis: Petrus, die Kirche und die verdammte Macht. Stuttgart 1999.

[5] Vgl. Hans-Joachim Kraus: Systematische Theologie im Kontext biblischer Geschichte und Eschatologie. Neukirchen-Vluyn 1983. S. 381-383.

[6] Die Zeit, Nr. 12/31 vom 26.07.2012.

[7] Tilmann Moser: Gottesvergiftung. (Suhrkamp Taschenbuch 533) Frankfurt am Main 1980. S. 94 f.

[8] 2. Sam 12,1-7.

[9] Ps 51,3.

[10] Joh 1,11.

[11] Dietrich Bonhoeffer: Widerstand und Ergebung (DBW 8). Gütersloh 2011. S. 177 f.

[12] Martin Walser: Schreiben und Leben. Tagebücher 1979–1981. Reinbek bei Hamburg 2014. S. 553.